VOIX ET SILENCES

VOIX ET SILENCES

LES MEILLEURES PIECES RADIOPHONIQUES FRANÇAISES

edited by

Anna Otten

ANTIOCH COLLEGE

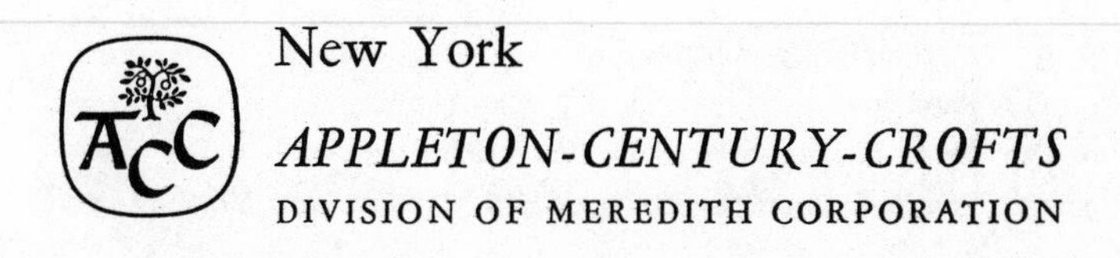

New York

APPLETON-CENTURY-CROFTS

DIVISION OF MEREDITH CORPORATION

6117-1

Library of Congress Card Number: 68-11212

PRINTED IN THE UNITED STATES OF AMERICA
E 68525

Acknowledgments for Plays

p. 11 George Marton Plays International Copyright Agency, Paris, for permission to reprint Jacques Constant's *Frédéric-Général.* Copyright © by Fasquelle Editeurs, 1950. Tous droits de reproduction, de traduction et d'adaptation réservés pour tous pays.

p. 87 Jean Forest for permission for 1st printing of Jean Forest and René Clair's *Une Larme du diable,* 1950.

p. 120 Hope Leresche & Steele, London, for permission to reprint Claude Aveline's *C'est vrai, mais il ne faut pas le croire.* Copyright © by Claude Aveline, 1955.

p. 142 Georges Borchardt, New York, for permission to reprint Robert Pinget's *Interview,* 1965.

p. 161 Madame Francine Camus for permission for 1st printing of Albert Camus' *Les Silences de Paris,* 1948.

Acknowledgments for Pictures

p. 9 Martonplay, 33, Champs-Elysees, Paris 8^{e}.

p. 117 Randier.

p. 139 Photo Pic, 21, avenue du Maine, Paris 15^{e}.

p. 158 French Cultural Services, 972 Fifth Avenue, New York, N. Y.

PREFACE

This anthology of radio plays, arranged according to difficulty of syntax and vocabulary, is intended to be useful for students in both beginning and intermediate French classes. Radio plays seem particularly appropriate for the language student, since they are generally written in a conversational idiom. These plays, selected for variety of content and style, as well as for their importance in the development of French radio drama, reveal that challenging and imaginative works can be produced in a form structurally simple and with a basic vocabulary.

The material in this edition, which has been tested thoroughly at Antioch College, has proved to be thought provoking and to stimulate class discussion. In addition, the vocabulary and sentence structure were well within the students' range. The plays may be read orally or dramatized in class, and their conversational structure makes them especially suited for the language laboratory.

Since this is the first collection of French radio plays published in the United States, it is hoped that this anthology will create interest in a hitherto neglected genre.

My warm thanks go to the many persons who have helped me. I am particularly grateful to Monsieur Alain Trutat and Madame Yvonne Ribière, Radiodiffusion-Télévision Française, Paris, and to several writers, among them Messieurs C. Aveline, M. Butor, E. Ionesco, A. Robbe-Grillet, J. Tardieu, F. Thibaudeau, and Madame N. Sarraute, who encouraged and advised me. I wish to thank Madame Francine Camus, who allowed me to print *Les Silences de Paris* for the first time. I am indebted to Professor Fernand Marty for his editorial help and to Mr. Cary Nelson and Miss Barbara Berg for their suggestions and cooperation in the preparation of the final manuscript.

A. O.

A Monsieur Alain Trutat,
grand innovateur de la pièce radiophonique,
et enfant terrible

CONTENTS

INTRODUCTION

French radio plays were first written in 1924, and their rapid development parallels that of broadcasting techniques. There are four general periods in the history of the radio play in France. An initial realistic period was followed by a period of more individual and poetic imagination, which was cut short by World War II. The years after the war produced a new and distinct form of realism, and finally, since 1961, a radically different type, *la nouvelle pièce,* has been introduced.

In the first radio plays, called radio-scenarios, men struggle with external forces. Human psychology is shown only as the reaction to these hostile forces. The characters tell little of themselves directly; their natures are revealed only in the way they succumb to events. These plays, coauthored by Gabriel Germinet and Pierre Cusy, resemble one-act stage plays, and were indeed originally meant for the theater.

Marémoto, the most famous of these plays, is confined to the last minutes of a sinking ship, and the desperate efforts of three men to gain control and call for help. The rush of the sea and the wind is succeeded by silence. In *Transmission radio-téléphonique d'une séance à l' Académie des Inscriptions et Belles-Lettres de Victoria-Nyanza, en l'an* 3992, we are introduced to an archeologist of the future who reports on the accidental extinction of a civilization. Believing it to be uninhabited, Americans had sent an explosive to Mars; the Martians retaliated with asphyxiating gas, and twentieth-century Europe was destroyed.

Such plays were an attempt at stark realism; however, the primitive techniques of the time resulted in poor transmissions and the authors did not really succeed.

The next group of plays shows a break with this elementary realism. Several writers believed that radio drama, though still called "invisible theater," should be freed from the restrictions it had inherited from traditional theater. They argued that radio drama could develop as a valid independent genre. While theater required that a character be embodied in a physical presence on the stage, radio drama need not meet that demand. However, the radio playwright has equally restrictive limitations. He can use only language and sound, and the listener must himself create the visual image. One standard of a radio play's quality is therefore the extent to which it stimulates the listener's imagination.

Realizing the freedom in a medium that does not inhibit visual imagination, a group of authors now began to write plays that took place at the bottom of the sea, in the sky, and in the past and future, making full use of the world of fantasy. For example, Paul Delharme's *L'Ile des voix* (1928) gives us the fantasies of a drowning man. His *Pont du hibou* (1928), after a novel by Ambrose Bierce, offers the visions of a man about to be hanged. Roger Richard's *L'Etoile des mers* (1941) tells of a diver who sees a woman through a porthole in a sunken wreck and believes she is alive. The captain, to quell the excitement of the superstitious sailors, has the body of the woman brought on board. The mood is starkly naturalistic, but the diver cannot escape his macabre dream, and he hears the woman speak to him. The boundaries of his dream are extended, and he plunges into the sea.

The plays of Carlos Larronde offer us similar worlds of fantasy, whose laws are those of the dream. Larronde's *Le Douzième coup de minuit* (1933) takes us back to the Middle Ages, where it is said that the end of the world will come if the people do not pray and build a cathedral. When the town clock strikes twelve in 999, the building must be finished. The time arrives and the cathedral is complete. As the crowds stand, eleven strokes sound, and a voice intones: "It is eternity." Larronde blends the voices carefully, and the choirs are good. We begin to see the fruits of research on the voice as a tonal component of radio drama.

Similarly, Pierre Descaves' *La Cité des voix* (1939) opens the doors of a mysterious city which human beings enter after death as pure voices embodying the memory of their past lives. A child in Douglas d'Estrac's *La Symphonie des voix du monde* hears in a conch the voices of men killed in war, of mothers, and of those unborn. The various lives unite in a plea for peace.

A new era followed the hiatus produced by World War II. As part of the cultural resurgence in all fields, the radio came into its own as a medium of mass communication, and radio drama expanded in several directions.

The most common form of radio plays before 1960 is the historical narrative. Drama in which the action arises from a conflict among characters is slightly less frequent. Poetic fantasies and the play of pure voices are well represented.

A desire for a thoroughgoing realism is quickly apparent, but this realism does not lose its humanity in the confines of its esthetic. In the wake of the war, the demarcation between events and consciousness is no longer absolute; the internal event has a social context and a place in history. The individual has his own dignity, but the questions he asks and the problems he faces are shaped by his dialogue with the world.

This was the time when the novels of Sartre, Camus, Malraux, and Saint-Exupéry were making their first dramatic impact. Only a few such great names can be found among the radio playwrights; radio drama is considered an ephemeral art, heard only once and subsequently filed away in archives. Nevertheless, it achieved some independence, while continuing to draw on the accomplishments of other contemporary genres. Theater exerted the greatest influence, since the idea of radio drama as "invisible theater" continued, though with declining force. Rather than present stage plays live, radio used adaptations, written by authors competent in the medium.

Novelists exerted their influence in the choice of themes, poets extended their audience with the use of the microphone. Film techniques were adapted for the radio, and an occasional film script like *Frédéric Général* was aired. Blaise Cendrars and others produced radio plays as *films sans images*.

The use of music became more sophisticated as background, transitional, and mood music were added to the already accepted practice of integrating the voice as a tonal component. Music gradually won equality with the text and then surpassed it, eventually requiring specially written texts — the composer was finally more important than the playwright.

The ultimate aim — a harmonious integration of the components of voice, sound, and silence — was established and pursued. Key questions were asked and researched with improved postwar equipment: What vocal qualities create specific associations? How does one harmonize a voice with background music? What is the perfect length for silence? How can genuinely new sound and music be created?

Studies were made under the direction of Jean Tardieu, who headed the Centre d'Etudes de Radio-Télévision from 1946 to 1960. In 1948, Pierre Schaeffer invented a revolutionary sound technique, which he called *musique concrète.* It consists of recordings made of auditory events — human voices, machines and instruments, animals, rain, the sea — as opposed to conventional composition, which uses material originating in the mind. The recordings, which may be collected anywhere, are played at various speeds, filtered, distorted, cut, recopied, and arranged in patterns.

Albert Camus, who was particularly aware of the sounds of Paris during the Occupation, felt the new techniques could increase the sense of reality. He wrote *Les Silences de Paris* (1948) using recordings from the period as an integral part of the play. Both music and sound, then, were integrated into the radio play; composers wrote scores, and authors adjusted their texts to the new requirements.

Une Larme du diable, written by Jean Forest and René Clair after a work by Théophile Gautier, was produced in 1950 as the first stereophonic play. This tale of a wager between God and the devil for the souls of two innocent girls uses music to convey several distinct poetic syntheses. The same happy balance between music and words is struck in Roger Pillaudin's *Ruisselle* (1955), where two lovers are separated in a void by demons, and voices and echoes resound through space. Here the tension between language and music propels the listener into the phantasmagorical poetry of the play.

Claude Aveline's play about two men who bury an imagined body, *C'est vrai mais il ne faut pas le croire,* is sober and spare by comparison. Voices and silences are meticulously balanced to form a veritable score, although the play uses little music.

Music is crucial in Ionesco's *Le Maître* (1960), and dominates three radio plays adapted and directed by Alain Trutat: *Récit de l'an zéro* (1960) by Georges Schehadé, *Histoire d'œuf* (1963), an African tale, and the fairy tale, *Histoire véridique de Jacotin* (1961), after Camillo José Cela. Here the musical features overbalance the text to the fullest possible extent.

The results of research and experimentation are most evident in the development of the radio play of poetic fantasy. There, all the components must together provide sufficient stimuli to encourage the listener to project himself fully into the world of the play. At their best, these plays demand the participation of so much of our being that they become an oral chronicle of our time.

A major feature of this chronicle is to introduce voices that advocate human commitment within the context of a fully realized individuality. This becomes the only reasonable procedure when the attempt to form general laws is seen as patently absurd. Albert Vidalie portrays Saint Francis of Assisi, the humble ascetic who devoted his life to the service of his fellow man, in *Le Soleil se lève sur Assise* (1950). Yves Jamiaque in *Je vous donne ma paix* (1954) chooses the example of Christ's love for man.

A specific interest in psychology is reflected in Adamov's realistic plays about psychotics. His *Le Temps vivant* describes the world view of a schizophrenic; paranoia is presented in *En fiacre* and mythomania in *Finita la comedia.*

Authors like Jacques Audiberti, Blaise Cendrars, Nino Frank, Jean Grimaud, Félicien Marceau, Georges Neveux, Jacques Perret, and André Obey write primarily historical plays. Most noteworthy here are Marceau's *Tibère* and Audiberti's *Le Soldat Dioclès.* Both plays use historical figures to convey philosophical perspective.

Many plays delineate a self-enclosed and lyrical world of their own, giving form and voice to dreams and fairy tales. Marian-Georges Valentini's *Jeu d'Elsenberg* (1960) casts death as a temptress who entices people to follow her. Within the limits of the play, death's game is convincing. The same author wrote *La Petite fille qui volait* (1959), a fairy tale in which a little girl from another world becomes the friend of two children. In *La Composition de calcul* (1955), Jean Forest and Jacques Perret describe the imagination of a red-headed boy about to take a mathematics examination. He transforms the examination into a story about imaginary figures.

Thanks primarily to the efforts of Alain Trutat, the contemporary French radio play since 1960 parallels the break with tradition of *le nouveau roman.* We now have radio plays written in stream of consciousness, and without plot, character, time, or place. Their "heroes," stripped of all conventional identification, can no longer be personified. They are "an old man," "a girl," "a woman," sitting in "a garden" or standing in "a room." Often their dialogue is internal, and their lives revolve around existential states of being. Frequently, a certain formless mood develops that could almost be given a name. Repetition and association are used as elements of pattern.

Natalie Sarraute's radio plays describe tenuous emotions that originate below the level of consciousness. In both *Le Silence* and *Le Mensonge* (1966), inconsequential emotions develop without action. In the first, we hear people converse about a man who does not speak until the end, when he makes a trivial comment. Yet the others reveal themselves in their uneasiness about his silence. The second play, confined to a room, presents a group of people who discuss a "lie" without ever discovering the truth.

In *Autour de Mortin,* Robert Pinget has us listen to a number of soliloquies about a man named Mortin. The impressions we receive about Mortin, those speaking, and their mutual relationships become very involved. We never really find out who Mortin was, and learn, as in Natalie Sarraute's *Portrait d'un inconnu,* that the line between fantasy and reality is only an illusion.

Silence as the foreboding of death pervades *L'Après-midi de Monsieur Andesmas* by Marguerite Duras. A woman comes to an old man and tells him of a complex love relationship that is about to occur. Already withdrawn, he cannot understand, but he tries to communicate his own feelings. We have two counterpoised soliloquies, which become fully related only in the mind of the listener.

Marguerite Duras' radio play uses one dialogue, whereas Michel Butor presents several dialogues simultaneously. His canvas is larger; he views it as a fraction of the general portrait of modern life. This new perspective produced a unique form. Butor's *Réseau aérien* (1962), and *6.810.000 litres d'eau par seconde* (1965), like carefully orchestrated musical compositions, reveal a banal world where very little ever happens, and emotionally arbitrary meetings occur between characters who might be governed by indifferent mathematical laws. *Réseau aérien* offers ten characters, five men "named" A, B, C, D, and E, and five women: f, g, h, i, and j. Their conversations, accompanied by various noises, take place simultaneously in ten airplanes. Yet the whole play conveys an image of collective life. Its characters, who have no identity of their own, might be replaced by innumerable men similarly typed. This airborn society achieves the shadowy and rather frightening power of a random collective destiny.

The same orchestration of life's complexities, on a greater scale and with a system of composition far more intricate, is used in *6.810.000 litres d'eau par seconde,* which takes place quite incidentally at Niagara Falls. Like the passengers on the planes, the tourists have no personal identity, although they are granted first names. They are "in transit." Their lives, possessed by everyone, belong to no one. Their speech amplifies unvarying themes. Life becomes a series of uneventful, slightly shadowed waves — pattern without incident.

Reality in the *nouvelle pièce radiophonique* becomes a succession of unassociated points of view in flux, a form of personal vision without drama. Characters possess only the most fragmentary and tenuous feelings. Only by repetition and association with a kind of fine connection, never materially evident, can they make their presence felt.

Perhaps this form of radio drama, of imageless art, is the best expression of an age where the particular is entirely transitory. The spoken word, bereft of gesture and form, vanishing immediately, suggests a key evasiveness in the twentieth century. The listener has nothing but sound on which to fix his experience. With the *nouvelle pièce radiophonique,* in which the fragility and suggestiveness of the listening experience is fully exploited, the French radio play has become a developed art form which is peculiarly fitted to express our age.

JACQUES CONSTANT

Jacques Constant was born in Paris in 1909. He studied electrical engineering and earned a *Licence ès Sciences,* a diploma corresponding roughly to a Master of Science. Although he has made some contributions in his profession, he has won recognition primarily as a writer. Since the age of sixteen, and all during the time he was ostensibly studying to become an engineer, Constant has been writing. His first theatrical work, *Le Marchand de miracles,* was performed at the Théâtre des Champs-Elysées when the author was eighteen. It attracted particular attention because of its anticlericalism, and created a scandal of considerable proportions. By a police order, it was removed from the program after three performances. Far from discouraging him, this event confirmed his vocation as a writer.

Constant is a prolific writer; he has written, collaborated in, or produced 104 films. Some were scripts written especially for Danièle

Darrieux, Charles Boyer, Hans Albers, Viviane Romance, Jean Gabin, and others. His masterpiece, known to Americans as *Algiers,* is *Pépé le Moko,* in which Jean Gabin plays the leading role. In addition to film scripts, Constant has written six novels, three theater plays, and perhaps a hundred songs.

The only interruption in his writing career was World War II, which he spent partly in the special corps at London, in close collaboration with American forces. This brought him to military camps in America. Although Constant participated in dangerous missions, he was always fortunate: during 169 days in convoys on the sea, he was never torpedoed. Nevertheless, one of his deepest convictions is that war must be abolished.

The most felicitous way that he has voiced this concern is the radio play *Frédéric Général,* in which the most violent opponent to war is a general — not an unsuccessful general, but one who has won victories in spite of himself. The play is one of the wittiest of French antiwar satires. In 1949, an international jury awarded him the first Prix Italia, the prize for the best radio play of the year.

FREDERIC-GENERAL

Prologue

Un vent de tous les diables.[1]

Et sur ce vent, qui brise quelques secondes le micro, comme un ouragan, l'on entend une première voix crier:

PREMIÈRE VOIX, *hurlant contre le vent.* — Frédéric Général!

Le vent reprend. 5

DEUXIÈME VOIX, *moins étouffée par le vent.* — Frédéric Général!

Le vent reprend de plus belle[2] *et une troisième voix plus proche hurle:*

TROISIÈME VOIX. — *Frédéric Général!* Cela fait la troisième fois que nous vous appelons. Sortez des rangs des morts de l'an 1740 et venez 10 parler aux vivants!

Et indomptable le vent reprend.

PREMIÈRE VOIX. — Quittant les morts de 1740, Frédéric Général descend!

[1] **Un vent de tous les diables.** A fearsome wind.
[2] **reprend de plus belle** gets worse

DEUXIÈME VOIX. — Quittant les morts de 1740, Frédéric Général descend!

Puis dans un éclair,
Dans un coup de tonnerre,
Dans un hurlement, l'on entend:

5 UNE VOIX, *hurlant dans le vent.* — Voici Frédéric Général!
SECONDE VOIX, *hurlant et répétant.* — Voici Frédéric Général!

Et cette fois, dans un véritable ouragan.

Fait d'éclairs, de coups de tonnerre et d'effets surnaturels, on perçoit au premier plan, la troisième voix.

10 TROISIÈME VOIX. — Frédéric Général!... Vous pouvez parler aux vivants!

Une dissonance résumant.
L'Apocalypse,
Puis,
Soudainement,
15 *Un grand silence mortuaire.*

Avec tout au long de ce discours de Frédéric Général, un sourd battement.

VOIX DE FRÉDÉRIC MORT. —

Je suis Frédéric Général!
20 Vous ne me connaissez pas...
Non, non, ...ne cherchez pas,
Vous ne pouvez pas me connaître.
Car de toute cette armée de "Frédéric" célèbres,
Ces Frédéric-Auguste[3] et ces Frédéric-Charles,[4]
25 Ces Frédéric-Guillaume,[5] Frédéric d'Aragon,[6]
Et Frédéric le Grand,[7]
Je fus le plus petit.

Aussi ne reste-t-il de mon court passage sur la terre,
Qu'une statue.

[3] **Frédéric-Auguste** *Frederick Augustus, name of three kings of Saxony*
[4] **Frédéric-Charles** *Frederick Charles* (1828-1885), *Prussian general*
[5] **Frédéric-Guillaume** *Frederick William, name of four kings of Prussia*
[6] **Frédéric d'Aragon** *Frederick of Aragon, name of four kings of Sicily*
[7] **Frédéric le Grand** *Frederick II, known as Frederick the Great, king of Prussia* (1740-1786)

(Monument laid et de fort mauvais goût),
Dressée au centre de Dublin, ma ville natale,
Et à Copenhague, mon tombeau.

Car tout le reste,
Tous ces discours et tous ces livres, 5
Tous ces traités où l'on m'encense,
Toutes ces études absurdes et fausses sur ma mission
Et mes exploits,
Que l'on continue d'imprimer
En Irlande 10
Sont bourdes, farces, fables, légendes...
Et si loin de la vérité
Que pour la rétablir, ce soir
Me voilà contraint de conter
Quelle fut ma véritable histoire... 15

Pour ma Patrie d'Irlande,
Je suis et demeurerai "Frédéric Général",
Mais je me nomme en vérité "Frédéric Stone".
Irlandais de vieille souche[8] et ultime descendant d'une très vieille
lignée de militaires glorieux, 20
Je naquis à Dublin, le six avril de l'an seize cent quatre-vingt-neuf,
à midi,
Très exactement.

La belle époque et l'heureux temps,
Vous direz-vous. 25
Eh bien ! non, très franchement,
Dussé-je vous décevoir,
Ce n'était déjà pas ce que l'on peut appeler "une belle époque"
Et moins encore un heureux temps.
Car depuis douze cents ans, du Sud au Nord de l'île, 30
L'on se battait sans trêve, sans repos, sans relâche.
Tant et tant qu'à la fin,
Les Irlandais, mes frères,
Ignorant (tout comme vous)
De nos propres combats 35
Les vrais motifs des princes

[8] **Irlandais de vieille souche** of old Irish stock

Et les raisons des rois,
Ne savaient plus du tout
Pourquoi ils se battaient

Mais ce sont là détails légers, sans importance...
5 Si vous le voulez bien, passons et revenons,
A ma naissance.

Lorsque je vis le jour,[9] Dublin était en flammes,
De toutes parts assiégée.
Et les trois quarts de l'île aux mains des Ecossais,
10 Des Espagnols et des Français,
Qui combattaient,
Les uns pour l'Angleterre,
Les autres, contre,
—Ce qui vous montre assez,
15 Qu'en votre monde,
Rien n'est changé.—

Donc, né ce six avril,
Au cœur même[10] d'une bataille,
De Virginia, ma mère,
20 Et d'un père capitaine, plein de témérité,
Petit-fils, arrière-petit-fils, neveu, cousin, filleul d'amiraux,
De corsaires, de généraux fameux,
Tout laissait présager,
Lorsque je vins au monde,
25 Que je ferais un jour, tout comme eux,
Un guerrier...

Un silence.

J'avais quarante-deux mois,
Lorsque mon père, le capitaine Richard Stone,
30 Frappé mortellement
Trouva son tombeau à Limerik.

Roulement de tambour.

Je n'avais pas quatre ans,

[9] **je vis le jour** I was born
[10] **au cœur même** at the very heart

Lorsqu'un boulet anglais mit un point final aux exploits marins
De l'amiral Stone, mon grand-père.

Roulement de tambour.

J'en avais huit,
Lorsque le général O'Grady, mon grand-père maternel 5
Finit écartelé sur la place de Dublin, par ordre de Cromwell.[11] 1599-1658

Roulement de tambour.

Et à peu près dix ans
Lorsqu'un beau soir d'été, ma mère et moi nous retrouvâmes
Seuls survivants des familles Stone et O'Grady dans cette im- 10
mense maison de l' "University Place"
Où je fus éduqué.

Flûte et hautbois.

Mon amour pour Mabel O'Connel remonte à cette époque.
Et mon désir de fuir 15
Avec elle et ma mère, ce pays maudit
Où les gens ne savaient rien faire que se battre,
Remonte
A cette époque aussi.

Le 10 juillet 1706, je partis seul pour Copenhague, 20

Pays paisible et ravissant,
Le Danemark en ce temps,
Présentait pour moi
Le double avantage d'ignorer la guerre, et
De ne point la désirer. 25
J'y demeurai deux ans.
Ces deux années, que je passai à étudier,
Furent certainement
Les plus utiles et profitables de ma longue vie.
Car elles m'apprirent, entre autres choses, 30
Que s'il ne faut qu'un mois pour ravager une province,
Il faut au moins dix ans pour la rendre fertile,
Et que si l'on admire celui qui l'a ravagée,
C'est à peine si l'on daigne penser à celui qui la rend fertile.

[11] *Here and elsewhere are intentional mistakes to show that he did not know history.*

Le onze juillet 1708,
Définitivement gagné aux raisons de mes professeurs,
Je quittai Copenhague pour Dublin.
Je pensai y épouser Mabel O'Connel,
Réaliser mes biens,
Puis, regagner avec ma mère, et elle,
Ce pays,
Où une classe d'hommes suffisamment au-dessus du vulgaire,
Assez courageux et assez éloquents
Avaient su,
S'adressant à la multitude,
Lui rendre odieuse une gloire barbare,
Et,
De
Là
Partant,
L'assagir.

Or voici comment,
Débarquant à Bray le quinze août,
Puis après dix jours d'invraisemblables aventures,
Parvenant enfin à Dublin,
Et sonnant à la grille des parents de Mabel, ma douce et tendre fiancée
Ceux-ci me reçurent,
Et tout ce qui en résulta...

Scène i

La voix de Frédéric mort s'est éteinte pour céder la place aux bruits et rumeurs, traduisant l'atmosphère d'une ville prête à capituler.

Nous nous trouvons University Place, à Dublin, le 21 juillet 1708.

Frédéric Stone sonne à la grille des O'Connel, mais c'est à peine si l'on entend la clochette agitée; car tout autour de lui la multitude apeurée par la canonnade proche, s'agite, discute, hurle ou s'enfuit...

Cependant, certains mots, certaines phrases, certains bruits, nous parviennent clairement.

Et c'est ainsi que l'on entend...

UN HOMME. — Et moi, qui suis bien renseigné, je vous affirme que les troupes du Duc de Lancaster ne sont pas à dix miles de Dublin.

Bruit de la clochette agitée.

UN CRIEUR, *criant ses nouvelles.* — "Lisez l'Irlande Libre!" "Le port de Dublin sous le tir de deux bricks espagnols, aux ordres de Guillaume d'Orange."

Puis c'est le bruit d'une charrette courant sur les pavés, presque dominé par les cris d'une femme prévenant un drame sordide.

LA FEMME. — Dick, attention!... les matelas tombent de la charrette!

La charrette s'arrête.

DICK. — Ho, ho, ho...

Même clochette agitée plus longtemps par Frédéric Stone, tandis que l'on entend une autre charrette roulant vite, et:

VOIX D'UN HOMME, *criant du trottoir.* — Tu fuis, Richard O'Gleen?

RICHARD O'GLEEN, *sa voix est emportée par le vent.* — Oui! Pas envie de me faire embrocher par les Orangistes![12]

L'HOMME, *hurlant.* — Poltron! capon! vieux misérable!

Et toutes ces phrases, et tous ces bruits, s'en vont dominés par la canonnade, et surtout par cette clochette que Frédéric Stone continue d'agiter.

Alors, la porte de la maison O'Connel s'ouvre. Patricia, la vieille domestique, paraît et les mains en porte-voix pour couvrir l'ambiance[13] crie à Frédéric Stone:

[12] **Orangiste** *follower of the House of Orange which ruled the Netherlands before 1830*

[13] **pour couvrir l'ambiance** to outshout the racket

Scène ii

PATRICIA. — Eh! l'homme, cesse d'agiter cette clochette. Tu sonnes à la porte de John O'Connel, marchand d'uniformes. Je suis Patricia, sa domestique. Que veux-tu à mon maître?

FRÉDÉRIC, *criant également pour couvrir les bruits.* — Le saluer!

PATRICIA. — C'est la guerre et l'on n'ouvre à personne. Passe ton chemin. Mon maître n'a point coutume de recevoir les vagabonds.

FRÉDÉRIC. — Approche, nigaude, et ouvre grands tes yeux! J'ai mauvais air et mes vêtements sont en lambeaux, mais ne suis pas un vagabond. Je suis Frédéric Stone!

PATRICIA, *bondissant.* — Frédéric Stone!...

FRÉDÉRIC. — Oui, Patricia, vieille femme têtue. Fais vite, ouvre la grille et conte-moi en détail comment se portent ma fiancée et ses parents!

Patricia a rapidement descendu les marches du perron, traversé le petit jardinet; et tandis qu'elle ouvre la grille:

PATRICIA. — Frédéric Stone! Un jeune homme de ta condition,[14] le visage tuméfié!

FRÉDÉRIC. — Presse-toi!

PATRICIA. — Les mains en sang...

FRÉDÉRIC. — Referme la grille.

PATRICIA. — ...et la tunique criblée de trous!

Bruit de la grille se refermant.

FRÉDÉRIC, *entraînant Patricia.* — Laisse ma tunique, et laisse mes mains et viens-t'en vite derrière cet arbre me parler d'elle... (*Anxieux.*) M'aime-t-elle toujours?

PATRICIA, *confidentielle.* — Elle, certainement, mais ses parents, depuis l'attaque des troupes du Duc de Lancaster et la percée des Espagnols, lui ont interdit qu'elle t'écrive.

FRÉDÉRIC. — Pour quelles raisons?

PATRICIA. — Trouvant tes lettres, ils les ont lues.

[14] **de ta condition** of your station

FRÉDÉRIC, *de bonne foi.* — Y ont-ils découvert quelque propos irrespectueux ?

PATRICIA. — Pis, Frédéric. Tu lui as, paraît-il, écrit que peu désireux de te mêler à de stupides combats, tu entendais t'enfuir avec ta mère et elle... ?

FRÉDÉRIC, *logique.* — Et alors ? Qu'y a-t-il d'étrange à vouloir arracher d'un enfer où les hommes s'entre-tuent deux femmes que l'on adore ?

PATRICIA. — Ils prétendent qu'Irlandais, fils du capitaine Stone, et ultime descendant des Stone et O'Grady, de pareilles théories sont pour eux méprisables.

FRÉDÉRIC. — Les fous... les insensés...

PATRICIA. — Et ne répète rien car je serais chassée.

FRÉDÉRIC. — Mais, au moins, puis-je les voir ?

PATRICIA. — Ils ont la compagnie du capitaine Powel et bavardent au salon...

FRÉDÉRIC. — Vite, Patricia ! donne-moi une brosse et un peu d'eau que je me lave de tout ce sang et annonce-moi aux O'Connel. Je veux les voir et leur parler et les gagner à mes raisons.

PATRICIA, *l'entraînant.* — Suis-moi, Frédéric Stone... Passons par les cuisines...

Patricia et Frédéric Stone traversent le jardinet et se dirigent vers les cuisines, tandis que la voix de Frédéric mort reprend.

VOIX DE FRÉDÉRIC MORT. —

Cela faisait quatre ou cinq mois,
Que brusquement,
Mabel avait cessé de me répondre.

Mais se pouvait-il
Que, source intarissable de mes rêves,
Celle que j'aimais
Ne m'aimât plus.
Et cela pour une aussi sotte raison que la guerre,
Qui produit le feu et la mort,
Alors que moi j'offrais
La vie... !

La voix de Frédéric mort s'arrête.

Scène iii

Salon des O'Connel.

Tapis, bergères, doubles rideaux. Puis çà et là, histoire de meubler: une ravissante réduction de mortier, quelques sabres disposés en éventail, un christ, un étendard, la Vierge, un horrible chromo représentant la bataille de Crécy[15] *vue par Edouard III... etc...*

John O'Connel, sa femme Daisy et sa fille Mabel conversent avec le capitaine Powel. Radieux, celui-ci rit stupidement. La porte s'ouvre. Patricia entre et attend que le capitaine Powel ait terminé de rire pour annoncer Frédéric Stone.

POWEL, *riant.* — Ah! Ah! Ah!

PATRICIA, *annonçant.* — Monsieur John O'Connel, Frédéric Stone serait très honoré que vous daigniez le recevoir.

MABEL, *dans un élan joyeux.* — Tu dis... Frédéric Stone?

PATRICIA. — Oui, Mademoiselle!

MABEL, *de plus en plus joyeuse.* — Oh! répète, Patricia!...

O'CONNEL, *l'interrompant.* — Eh bien! Mabel!

MABEL. — Pardon, mon père.

Mme O'CONNEL, *furieuse.* — Eh bien! Mabel!

MABEL. — Oh! pardon, Mère.

O'CONNEL. — Allez, Patricia, et dites à Monsieur Stone qu'il vienne!

Et, de nouveau, la voix de Frédéric Stone mort, se fait entendre.

VOIX DE FRÉDÉRIC MORT. —

En pénétrant dans le salon,
Je vis immédiatement Mabel,
Pâle et plus belle
Que lorsque je l'avais quittée.
Près d'elle,

[15] **la bataille de Crécy** *battle of Crécy, August 26, 1346, when Edward III of England defeated Philip VI of France in the Hundred Years' War*

Un gros homme fat, absurde et laid,
riait.

POWEL. — Ah! ah! ah!

VOIX DE FRÉDÉRIC MORT. —

Gênée, Madame O'Connel évitait
De me regarder.
John O'Connel s'en vint vers moi, la main tendue.

O'CONNEL, *gêné.* — Frédéric Stone! quelle bonne surprise! Vous voici de retour "enfin"!

FRÉDÉRIC, *net.* — J'apprécie votre "enfin", Monsieur John O'Connel, car il me montre qu'il vous tardait de me revoir comme à moi-même de retrouver votre maison. Mais n'avions-nous convenu, lorsque je suis parti, qu'en août 1708 je devais revenir?

O'CONNEL, *toussotant.* — C'est exact, en effet, et il me plaît de constater que vous avez tenu parole, ce qui n'a point dû être aisé si l'on en juge à votre mine et à l'état de vos effets.

FRÉDÉRIC. — Hélas! débarquant à Bray, il y a dix jours, je fus plusieurs fois arrêté par des bandes armées qui, sous prétexte de lutter pour la liberté de l'Irlande et les très saintes causes de l'Eglise et du Droit, n'hésitèrent point, pour me le prouver, à piller mes bagages et me laisser plusieurs fois mort sur le chemin.

POWEL. — Ah! ah! ah!

FRÉDÉRIC, *véritablement surpris.* — Ai-je dit quelques mots drôles que ce Monsieur s'esclaffe?

POWEL, *important.* — Non, mais vous m'amusez avec vos aventures!

FRÉDÉRIC. — Les trouvez-vous plaisantes?

POWEL. — Nous sommes en guerre, Monsieur, vous semblez l'oublier.

FRÉDÉRIC. — Je voulais l'oublier. Mais au fait, j'avais tort, car cela explique tout. (*Presque douloureux.*) Et le plus effroyable de ce drame insensé, c'est qu'il se poursuivra tant qu'en Irlande il se trouvera des hommes assez fous pour vouloir se battre et d'autres suffisamment stupides pour les écouter et les suivre.

Mais à peine Frédéric a-t-il fini sa réplique, qu'indignés et dans un mouvement très rapide encore, les O'Connel reprennent:

Mme O'CONNEL. — Oh! Frédéric!

MABEL. — Oh! Frédéric!

O'CONNEL. — Oh! Frédéric!

FRÉDÉRIC, *simple et surpris.* — Comment?... Cela n'est-il point à tous votre avis?

Et de nouveau outrés, dans un mouvement plus rapide encore, les O'Connel reprennent:

5 Mme O'CONNEL. — Mais, Frédéric!

MABEL. — Frédéric!

O'CONNEL. — Frédéric!

FRÉDÉRIC. — Qu'ai-je dit, grand Dieu, qu'ai-je dit?

O'CONNEL, *furieux.* — Vous avez insulté l'armée...

10 Mme O'CONNEL, *outrée.* — En la personne de notre ami, le Capitaine Powel...

MABEL, *patriotique.* — Qui commande la "Blue Guard"...

Mme O'CONNEL. — Et défend seul Dublin...

O'CONNEL. — Et auquel, si pour nous vous avez conservé quelque senti-
15 ment, vous devez le plaisir de nous retrouver tous en vie.

FRÉDÉRIC, *dans un élan.* — Ah! Monsieur, si mes propos vous ont blessé, et si c'est à vous seul que je dois le bonheur de retrouver Mabel et ses parents vivants, laissez-moi m'excuser et serrer votre main afin que je vous remercie.

20 POWEL. — Brisons là,[16] Monsieur Stone, et gardez votre main.

FRÉDÉRIC. — Qu'ai-je donc dit qui offense?

O'CONNEL. — Suffit, Frédéric Stone!

POWEL, *se levant.* — Monsieur, John O'Connel, je vais me retirer. Madame, permettez-moi de vous dire mes regrets.

25 Mme O'CONNEL, *révérence.* — C'est moi qui suis navrée de ce triste incident.

O'CONNEL, *jabotant.* — Mabel, reconduis donc le capitaine Powel, qu'avec Frédéric seul, ta mère et moi parlions.

FRÉDÉRIC, *dans un élan.* — Mabel, ma bien-aimée...

MABEL, *sèche.* — Laissez-moi, Frédéric.

30 FRÉDÉRIC, *douloureux.* — Ah! non, c'est impossible que vous passiez ainsi sans même me regarder.

POWEL, *s'esclaffant.* — Mon Dieu! qu'il est comique ce descendant des Stone! (*Il rit.*) ...Mon bras, Mabel, mon bras...

O'CONNEL, *riant.* — A bientôt, cher Powel!

35 Mme O'CONNEL. — A bientôt, capitaine.

POWEL. — A bientôt, ah! ah! ah!

[16] **brisons là** enough said

Mais à peine la porte s'est-elle refermée sur Powel et Mabel, que Frédéric interroge les O'Connel.

FRÉDÉRIC. — Que veut dire tout ceci? Que signifie cette scene? Mabel au bras d'un homme, et vous deux ses parents, qui me l'avez promise... Pour un mot maladroit, m'accueillant de cette sorte, alors que je reviens après deux ans d'absence...

O'CONNEL, *toussant, gêné.* — Du calme. Prenez un siège, car je dois vous parler.

FRÉDÉRIC, *anxieux.* — Non, non, répondez-moi. Droit au plus important: Mabel aime-t-elle cet homme?

O'CONNEL, *sec, gêné.* — Je ne puis vous répondre...

FRÉDÉRIC, *romantique.* — Alors, parlez Madame. Je trouverai mille excuses si je vous ai froissée. Mais répondez, de grâce,[17] car mon âme est si lourde que je vais m'écrouler si vous demeurez muette.

Mme O'CONNEL, *sèche.* — Mabel n'aime point Powel...

FRÉDÉRIC, *la coupant.* — Voilà qui me réjouit.

Mme O'CONNEL, *enfonçant le couteau dans la plaie.* — ...Mais elle admire en lui le soldat, le héros et la gloire qui l'entoure...

FRÉDÉRIC, *avide.* — Sans importance... Après?

Mme O'CONNEL, *sèche.* — Après, asseyez-vous. Je n'ajouterai rien d'autre.

FRÉDÉRIC, *cherchant à se raccrocher.* — Mais pourquoi... mais pourquoi? N'était-il pas convenu que nous nous unirions lorsque je reviendrais? N'était-ce pas arrêté, conclu, réglé d'avance? N'avions-nous pas prévu que la fête aurait lieu le jour même de la Vierge et que de blanc vêtue, Mabel irait suivie de douze jeunes filles en bleu qui porteraient le voile?

O'CONNEL, *outré.* — Ah ça! Frédéric Stone! perdez-vous la raison pour nous parler mariage quand l'Irlande est en flammes, l'Espagnol à Longford, l'Ecossais à Newcastle, Jacques II à Waterford, les Français sur nos côtes et que partout, partout, l'Anglais rançonne et tue?

FRÉDÉRIC, *simple et toujours romantique.* — Mais quel rapport, Monsieur? Cela fait douze cents ans qu'on se bat en Irlande, et cela fait cinq ans que nous nous adorons. Que puis-je à toutes ces luttes, inutiles, sanguinaires, où chacun trouve son compte[18] excepté l'Irlandais qui, lui, mal conseillé, mal guidé et trahi, se bat, s'obstine et meurt

[17] **de grâce** for goodness' sake
[18] **où chacun trouve son compte** where everybody profits

sans connaître les raisons et les vrais intérêts qui président aux combats.

Mme O'CONNEL. — Oh! Frédéric!

FRÉDÉRIC. — Madame?

Mme O'CONNEL. — Savez-vous que nous tous, catholiques pratiquants, nous préférons mourir plutôt que devenir d'horribles protestants.

FRÉDÉRIC, *vrai.* — Et moi, je préfère vivre!...

Mme O'CONNEL, *révoltée.* — Mais pour cette opinion, d'un coup de lance à Limerik, votre père notre ami, est mort face contre terre de façon magnifique...!

FRÉDÉRIC. — Question d'appréciation. Mon père était mon père. Mais si je dois mourir à l'encontre de lui, au charme de la lance, je préfère un bon lit!

O'CONNEL. — Monsieur, c'en est assez. Vos discours sont indignes. L'honneur vous a quitté. Ma fille ne sera point à un pleutre, un poltron.

FRÉDÉRIC. — Pourquoi m'insultez-vous? Vous ai-je dit que la peur était le vrai motif de pareilles opinions?

Mme O'CONNEL. — Prouvez-nous le contraire!

FRÉDÉRIC. — En quoi faisant, Madame?

Mme O'CONNEL. — Vous êtes riche?

FRÉDÉRIC. — C'est un fait.

Mme O'CONNEL. — Achetez un régiment, une armée s'il le faut et courez au combat...

O'CONNEL, *abondant.* — Délivrez notre ville...

Mme O'CONNEL. — ...Boutez hors de notre île l'Espagnol et l'Anglais...

O'CONNEL. — Et si vous êtes vaillant comme vous prétendez l'être, Monsieur, prouvez-nous-le en tuant de votre épée le duc de Lancaster, notre ennemi de toujours.

FRÉDÉRIC, *sincère.* — Ah! quel étrange discours; moi je vous parle amour et vous répondez guerre. Je suis riche, j'aime Mabel, et si elle m'aime encore, nous pouvons vivre heureux loin du bruit des batailles, dans un pays paisible, et vous me demandez pour vous montrer mon âme, d'aller porter le feu, de faire couler le sang, de tuer et d'égorger; non, vraiment, c'est horrible!

Mme O'CONNEL. — Mais pour parler ainsi, quelle est votre patrie?

FRÉDÉRIC. — Ma patrie est la terre.

Mme O'CONNEL. — Et vos héros, Monsieur?

FRÉDÉRIC. — Un seul: le genre humain.

Mme O'CONNEL, *genou à terre.* — Mon Dieu! pardonnez-lui et protégez l'Irlande!

FRÉDÉRIC, *la relevant.* — Mais, Madame, permettez...

O'CONNEL, *coupant.* — Assez, Frédéric Stone, ma patience est à bout. Lorsque j'avais promis à Monsieur votre père et plus tard à vos grands-parents que j'unirais Mabel à votre destinée, je ne pouvais prévoir que, descendant des Stone et ayant pour ancêtres les célèbres O'Grady, le dernier de leur race faillirait à l'honneur et fuirait le combat. Ma fille est Irlandaise. Je vous l'avais promise. Je reprends ma parole. Elle sera au soldat qui libérera Dublin. 10

FRÉDÉRIC. — Le capitaine Powel?

O'CONNEL. — Peut-être Monsieur, peut-être...

FRÉDÉRIC, *après avoir hésité.* — Et si je prends les armes, et si je suis vainqueur?

O'CONNEL. — Alors elle sera vôtre. 15

FRÉDÉRIC. — A cette seule condition?

O'CONNEL. — A cette seule condition.

FRÉDÉRIC, *appelant.* — Mabel! Où est Mabel?

La porte s'ouvre. Mabel s'élance.

MABEL, *dans un élan.* — Frédéric, mon amour!... 20

FRÉDÉRIC, *la prenant dans ses bras.* — Mabel, mon adorée!...

MABEL, *débit précipité.* — J'étais, le cœur battant, l'oreille contre la porte, et ai tout entendu...

FRÉDÉRIC. — M'aimez-vous?

MABEL. — Je vous aime! 25

FRÉDÉRIC. — Quel est votre désir?

MABEL. — Revenez-moi glorieux et que Dieu vous protège...

FRÉDÉRIC, *s'écartant.* — A bientôt, mon amour...

MABEL. — A bientôt, mon amour...

Frédéric sort. 30

La voix de Frédéric mort, reprend:

VOIX DE FRÉDÉRIC MORT. —

Ces gens étaient certainement fous;
Et la philosophie de mes maîtres danois, contenait sans nul doute, les meilleures formules de sagesse. 35

Mais allez donc parler sagesse
à un amant.

J'aimais Mabel.
Mabel m'aimait.
5 Que n'aurais-je fait pour cet amour...
Et que ne referais-je encore?
Si j'avais
Un cœur
Et un corps!

10 La demeure de ma mère,
Voisine de la demeure des O'Connel,
Présentait ce jour-là aux rayons pâles d'un soleil lourd et déclinant
sa façade blême...

Pleine du bruit de la bataille proche,
15 Grouillante et palpitante comme un cœur condamné à ne jamais
plus battre;
Fourmilière géante,
Sur laquelle se serait posé
Le pied
20 d'un promeneur distrait
Ou le talon d'un homme méchant.
Telle était l' "University Place".

Vous faisant grâce de mille détails,
Voici ma mère assise à la même table que moi dans la salle à
25 manger
Et me parlant
De toutes ces choses,
Une heure après
Mon arrivée.

Scène iv

Salle à manger de Mme Virginia Stone.

VIRGINIA. — Non, Frédéric, non, si pour un amour et ces gens idiots vous allez au combat, c'est signe que vous avez perdu la raison. Quand on aime, on envoie des fleurs. Des fleurs ou des caramels. Mais on ne risque pas sa vie pour un anneau et trente poignées de mains dans une sacristie. Ça non! On ne fait pas la guerre pour ça. Si belle soit la belle et si stupides soient les parents. Grotesque. Votre décision est grotesque. Tel est mon humble avis. Convenez-en. Reprenez du rosbif et passez-moi les cornichons.

FRÉDÉRIC. — Mère, les voici...

VIRGINIA. — Merci.

Ricanant et imitant John O'Connel.

Délivrez Dublin et vous aurez Mabel... pourquoi pas l'Irlande, la Grèce ou la Mandchourie?

FRÉDÉRIC. — Mère, permettez-moi...

VIRGINIA, *le coupant.* — Non, Frédéric. Pas sérieux. Ce n'est pas sérieux. Evidemment pour lui, marchand d'uniformes, la guerre c'est beaucoup de militaires, beaucoup de militaires c'est beaucoup d'uniformes, et beaucoup d'uniformes c'est beaucoup d'argent. Compris, nous avons compris.

Si les Organistes gagnent, Dublin pris, son commerce est cuit.[19] Question de vie ou de mort. D'accord. Complètement d'accord. (*Ironique.*) Seulement, figurez-vous que pour vous aussi Frédéric, c'est la même question qui se pose. Vie ou mort, mort ou vie... Et nuance, moi ce qui m'ennuie, c'est plutôt la mort que la vie!

FRÉDÉRIC. — Mère, vous exagérez!

VIRGINIA. — Non, mon fils, je n'exagère point. Fille d'officier, petite-fille d'officier, arrière-petite-fille, nièce, tante, cousine et veuve d'un officier, j'ai comme on dit du métier.[20] (*Au valet*). Kieran, son verre est vide, versez-lui du porto.

[19] **cuit** (*familiar*) ruined
[20] **j'ai du métier** I know the business

FRÉDÉRIC. — Non, non, je vais être ivre.

VIRGINIA. — Tant mieux, vous agirez comme un homme raisonnable; car le danger chez vous c'est d'être équilibré.

KIERAN, *ne sachant plus à qui obéir.* — Madame?

5 VIRGINIA. — Kieran, j'ai dit versez, versez-lui du porto.

Kieran, le valet, verse le porto.

FRÉDÉRIC. — Assez, merci, Kieran.

VIRGINIA. — Ceci fait, mon enfant, prenez de ce gâteau fait à votre intention et écoutez cette lettre écrite de votre main.

10 *Elle lit:*

"Copenhague, le 7 mai.

"Madame et tendre mère,

"Vos réflexions sur la gloire se fondant sur un merveilleux funeste m'ont ravi. Pareillement à vous, je pense qu'il y a deux sortes de gloires comme il 15 y a deux sortes de merveilleux, et que le merveilleux le plus funeste fut et est toujours l'éclat des conquêtes. Mais que voulez-vous?... A la honte des hommes, si telle est la gloire des talents supérieurs appliqués à leurs propres malheurs que les siècles ne suffisent point à l'effacer; pour nous qui ayant trop souffert de la guerre, ne pouvons partager ce sentiment, je ne 20 vois d'autre solution que celle de fuir l'Irlande et de vivre au Danemark, pays où l'on peut encore circuler sans arme et s'exprimer sur toutes choses selon son cœur et ses pensées, sans craindre la prison.

"...C'est pourquoi je vous prie, Madame et tendre Mère, de réaliser tout et de vous préparer à quitter Dublin fin août, début septembre."

25 *Arrêtant la lecture.*

Voilà il y a trois mois ce que vous m'écriviez...

FRÉDÉRIC. — Mère, je n'ai point changé et déteste la guerre.

VIRGINIA, *le coupant.* — Alors, soyez logique. Laissez les O'Connel à leur patriotisme et fuyons au Danemark. Ou, si vous préférez, faisons-30 nous Musulmans, Orthodoxes ou Bouddhistes et gagnons l'Arabie, la Russie ou les Indes, mais quittons ce pays.

FRÉDÉRIC, *têtu.* — Je dois auparavant, ma mère, sauver Dublin...

VIRGINIA. — Rien du tout, Frédéric. Vous ne sauverez rien du tout. Votre grade de général va vous coûter une fortune. Cette fripouille 35 d'Ayachiv il Anirba Atlan, intendant du seigneur de Dublin, va vous acoquiner à une bande de mercenaires levantins[21] qui, pour se faire engager, vous jureront qu'en trois coups d'arbalète ils vont aplatir les troupes du duc de Lancaster et qui, au premier message, moyennant surprime de dix pour cent, passeront dans ses rangs avec les étendards, les vivres et votre uniforme.

FRÉDÉRIC. — Allons, allons...

VIRGINIA, *riant de fureur.* — Oui, Frédéric, votre bel uniforme de général. Le bel uniforme que vous aura vendu John O'Connel. Tel quel, mon fils, tel quel. Et vous, le philosophe, le descendant des Stone et des O'Grady, comme un idiot, vous entendez, comme un idiot, seul et nu sur le terrain, il ne vous restera plus qu'à rentrer à pied. Joli, ce sera joli. Et encore si Dieu vous protège... si un mortier ne vous enlève pas la mâchoire ou tout gentiment, le désir de vivre... Car c'est ça la guerre, mon enfant. La foule élève des monuments. Et sur ces monuments les héros sont entiers. Ils ont deux bras, deux jambes, deux pieds. Mais en vérité, votre grand-père n'avait plus de nez quand il est mort, et à votre oncle, il manquait une jambe, et à mon père les deux oreilles. Il était sourd et il fallait vingt-deux clairons pour l'éveiller. Ah! c'était gai, vous pouvez me croire... La guerre, la guerre, c'est facile à dire, la guerre... et les héros, c'est facile à acclamer, surtout lorqu'ils sont en bronze, au milieu des places publiques. Mais dans le lit, mon fils, dans le lit, héros ou pas héros, c'est horrible un estropié.

Votre Mabel est folle. Elle ne sait pas ce qu'elle dit: plaisanterie tragique et tragique plaisanterie!

FRÉDÉRIC, *las et résigné.* — O mère, depuis bientôt une heure, vous me placez devant des vérités alignées comme autant de juges qui me condamnent. Mais que voulez-vous, j'aime Mabel. Pour elle je dois sauver Dublin et je sauverai Dublin!

VIRGINIA, *rugissant.* — Des cadenas aux fenêtres. Les clés dans la rivière et moi morte au milieu du couloir, il vous faudra franchir mon corps, Frédéric!

FRÉDÉRIC, *se levant.* — Oh! ma mère, laissez-moi, ma décision est prise.

VIRGINIA, *se dressant dans un cri.* — Non, je ne vous laisserai pas. Je ne vous laisserai pas. Je ne vous laisserai pas partir comme votre père et tous vos aïeux au milieu des sonneries de cuivre et des tam-

[21] **acoquiner à une bande de mercenaires levantins** put you in league with a gang of levantine mercenaries

bours rythmant la mort, acclamé par une foule idiote qui ne comprend pas que si aujourd'hui ce sont les corps sanglants de ses ennemis qui tombent, demain ce sera son tour de payer.

FRÉDÉRIC. — Mère, je vous en supplie. Dénouez vos bras de mes épaules et de mon cou.

VIRGINIA, *tragique.* — Frédéric, Frédéric, vous ne passerez pas, vous ne franchirez pas la porte. Je suis votre mère, je vous ai porté dans mes flancs, je vous ai senti grandir et bouger dans moi. Et lorsque vos deux petits pieds frappaient mon ventre, j'ai souffert...

Mais Frédéric Stone, impitoyable comme tous les amants, a dénoué l'étreinte et ouvert la porte... Il sort, traverse l'University Place et se dirige vers la boutique d'Ayachiv il Anirba Atlan.

VOIX DE FRÉDÉRIC MORT. —

Atroce,
Cette scène avait été atroce.
J'aimais profondément ma mère et pour la première fois j'avais vu ses larmes et sa chevelure défaite rouler sur ses épaules.
Mais insensible cependant
J'allais sans plus songer à sa douleur, vers la boutique du vieil Atlan.

Personnage curieux; Ayachiv il Anirba Atlan, cet Arménien qui avait alors soixante ans, était le seul accrédité par le Seigneur de notre ville pour vendre un grade ou contracter des mercenaires.

Au pied du château, la façade ouverte sur le chemin de ronde, minuscule et encombrée d'épées, de mousquetons, d'étendards et de mille gravures représentant les stipendiaires du monde entier avec leur prix et le détail des conditions de location; telle était cette étrange boutique où mes aïeux, tout comme j'allais le faire, avaient acheté leurs grades et contracté leurs équipages et leurs armées.

L'University Place traversée,
Je poussais la porte d'Ayachiv Atlan...

Scène v

Boutique d'Atlan.
La voix de Frédéric mort s'est éteinte.
Frédéric Stone referme la porte.
Au son de la clochette, doucereux, Atlan s'avance.

ATLAN. — Désirez, mon ami, désirez?

FRÉDÉRIC. — Hello! chère vieille canaille!

ATLAN. — Je connais votre voix mais ma vue a baissé.[22] Placez-vous plus au jour.[23]

FRÉDÉRIC. — Vous ne me reconnaissez point?

ATLAN, *joyeux.* — Frédéric! Frédéric! Le fils de Richard Stone!

FRÉDÉRIC. — En personne... Ayachiv, me voici de retour.

ATLAN. — Et que désirez-vous?

FRÉDÉRIC. — Me battre, sauver Dublin.

ATLAN. — Ah! les jolies paroles et comme elles sont bien dites. Voilà qui réchauffe l'âme et vous réconcilie avec le genre humain. Mais il vous faut un grade...

FRÉDÉRIC. — Je veux être général...

ATLAN. — Le plus beau, le premier.

FRÉDÉRIC. — Combien m'en coûtera-t-il?

ATLAN, *commerçant.* — Le diplôme simplement, ou compris uniforme, épée, bottes en cuir souple, bicorne, décorations, longue-vue, selle, étriers et manuel de combat?

FRÉDÉRIC. — Le plus avantageux?

ATLAN. — Diplôme et uniforme: 170 pièces d'or.

FRÉDÉRIC. — C'est cher, Atlan, c'est cher...

ATLAN. — Mais d'où arrivez-vous?

FRÉDÉRIC. — Du Danemark.

ATLAN, *dépité.* — Pays riche, change élevé. Je comprends, je comprends...

FRÉDÉRIC. — Diplôme seul?

ATLAN. — 120 pièces avec la signature et les encouragements du Seigneur

[22] **ma vue a baissé** my sight is failing
[23] **au jour** into the daylight

de Dublin. Mais ne discutons pas, nous sommes deux patriotes. Les Stone et O'Grady furent toujours mes clients. Je vais vous faire un prix.

FRÉDÉRIC. — Combien?

ATLAN. —160 net.

FRÉDÉRIC. — Traité. Voici l'argent.

ATLAN, *ramassant les pièces.* — Général Frédéric, le Seigneur de Dublin vous est reconnaissant.

FRÉDÉRIC. — Bien. Maintenant parlons "hommes". Que pouvez-vous me louer?

ATLAN, *comme un fruitier sans asperges.* — Voilà le point gênant. Je dispose de peu de chose... peu de chose en vérité... Regardez cette gravure. Voici une compagnie. Le capitaine est sourd. Ils sont en tout deux cents, mais pour demeurer franc, il y en a la moitié qui sont rhumatisants...

FRÉDÉRIC. — Autre chose, vieil Atlan.

ATLAN, *du geste.* — Tenez, à votre droite, ce grand dessin au mur représente la "Pat Guard". Ce sont des Finlandais. Ils ne sont que cent vingt, mais peuvent s'ils ont du vin, matin, midi et soir, enlever un fortin.

FRÉDÉRIC, *net.* — Je veux sauver la ville et repousser l'Anglais au-delà des coteaux et au-delà des plaines.

ATLAN. — Alors, approchez-vous. J'ai là une occasion. Quelque chose de meilleur. Le capitaine est muet, le lieutenant est manchot; mais ce sont des Hongrois, et si vous les payez un écu l'homme par jour et leur offrez en plus une surprime au cadavre, ils peuvent, en moins d'un mois, avancer de trois miles. Garanti sur parole. Ce sont des hommes sérieux et de bons combattants.

FRÉDÉRIC. — Des manchots et des muets... Un général sans hommes n'est pas un général. Moi je veux une armée, une armée neuve et fraîche. Je paierai ce qu'il faut. Mais je veux 3.000 hommes, 20 clairons, 10 drapeaux, des mortiers, des canons, afin qu'en quelques jours Dublin soit libérée et qu'après je puisse vivre et qu'on n'en parle plus.

ATLAN, *petit sifflement.* — Attendez, attendez, laissez-moi réfléchir.

FRÉDÉRIC. — Faites vite, Atlan, faites vite, car je suis très pressé.

ATLAN, *joyeux.* — Voilà, j'ai votre affaire. Des Bulgares et des Serbes, ils sont 2.700. Le plus faible a 2 mètres et pèse 112 kilos. Le prix est une affaire: 600 écus par jour. Nourris, cela va sans dire, mais uniformes au choix. Car ils ont six tenues et des fusils anglais repris aux Espagnols avec des munitions qui ne vous coûteront rien.

FRÉDÉRIC. — Avez-vous une gravure représentant ces troupes?

ATLAN. — J'en ai six: les voici. (*Présentant les gravures.*) Regardez-moi ces hommes. Ça tue en plaisantant. Ça vous brûle une maison comme ça boirait un verre. Ça vous étripe son monde en mordillant une fleur. C'est unique, introuvable.

FRÉDÉRIC. — Où sont-ils?

ATLAN. — A Beerport.

FRÉDÉRIC, *décidé.* — Je prends, Atlan, je prends.

ATLAN, *également décidé.* — 20.000 écus d'acompte.

FRÉDÉRIC. —Les voici. Comptez-les.

ATLAN. — Inutile, j'ai confiance. Livrables dans les trois jours et uniformes au choix.

FRÉDÉRIC. — Conclu, Atlan, conclu.

ATLAN, *grandiloquent.* — Général Frédéric, je suis votre très humble et fidèle serviteur.

FRÉDÉRIC, *sec.* — Suffit. Rompez. Et livrez-moi tout ça mardi, University Place, à midi.

ATLAN, *obséquieux.* — Ce sera fait, mon général, ce sera fait.

Et Frédéric Stone sort,

Et de nouveau les bruits de la bataille renaissent, en même temps que l'on entend la voix de Frédéric mort nous conter comment il passa les journées qui suivirent.

Scène vi

VOIX DE FRÉDÉRIC MORT. —

A peine avais-je traité
Avec le vieil Atlan
Que la rumeur publique colportant la nouvelle,
La foule s'en vint nombreuse autour de ma maison.

LA FOULE. — Vive Frédéric Stone![24]

Atmosphère bataille proche.

VOIX DE FRÉDÉRIC MORT. —

Objet de ces transports
5 Saluant de mon balcon,
Ce fut à ce moment,
Que pour la première fois
Réalisant clairement
Ce qu'il me faudrait faire
10 Pour ne pas décevoir et pour gagner Mabel
Je me mis à trembler.

LA FOULE. — Vive Frédéric Stone!

VOIX DE FRÉDÉRIC MORT. —

Incapable de me battre,
15 Ignorant tout du métier des armes,
Je songeai que pour vaincre, il me faudrait
Semer partout la mort.
Et cela me glaçait d'effroi.

LA FOULE, *mêlée à un hymne.* — Vive Frédéric Stone!

Scène vii

20 *Chambre de Frédéric Stone.*

Par-dessus les hurlements et les acclamations de la foule, l'on entend la porte de la chambre claquer.

C'est Virginia Stone qui entre.

VIRGINIA. — Frédéric!

25 FRÉDÉRIC. — Mère?

VIRGINIA. — Quittez ce balcon et laissez cette foule. Elle tremble. Elle sent

[24] **Vive Frédéric Stone!** Long live Frederick Stone!

la défaite. Elle espère un miracle et s'accroche à vous. J'ai horreur de ce genre de spectacle. Refermez la fenêtre.

Frédéric referme la fenêtre.

L'ambiance extérieure cesse.

VIRGINIA. — J'arrive de la place...
FRÉDÉRIC. — Que disent les notables?
VIRGINIA. — Situation désespérée. Les Espagnols sont à Dalkey, les Orangistes à Athboy, les Français de Jacques II reculent devant les troupes du duc de Lancaster et la Blue Guard du Capitaine Powel va capituler.
FRÉDÉRIC, *joyeux.* — Enfin une bonne nouvelle!
VIRGINIA. — Mais comment voulez-vous que votre régiment parvienne à rompre les barrages et entrer dans Dublin, si Powel capitule...
FRÉDÉRIC. — Ils sont 2.700 et ils ont des mortiers.
VIRGINIA. — Les autres en ont aussi et ils sont 110.000!
FRÉDÉRIC. —Ils seront les plus forts.
VIRGINIA. — Mais les routes sont coupées et ils viennent de Courtwon.
FRÉDÉRIC. — Ils passeront, vous verrez!
VIRGINIA, *hurlant tout à coup et saisissant une épée.* — Oh! Frédéric... Frédéric, votre folie me gagne. Ma tête s'égare. Je n'y vois plus...
FRÉDÉRIC, *soudainement affolé.* — Ma mère, où courez-vous armée de cette épée?
VIRGINIA. — Je veux tuer, Frédéric, moi aussi je veux tuer!
FRÉDÉRIC, *la tenant pendant qu'elle se débat.* — Mais qui? Répondez-moi?
VIRGINIA, *riant comme une folle.* — John O'Connel, Daisy O'Connel, Mabel O'Connel et tous les O'Connel que je rencontrerai!

Le rire de Virginia se perd et la voix de Frédéric mort reprend la narration devant la fenêtre ouverte.

VOIX DE FRÉDÉRIC MORT, *reprenant.* —

Je passai les deux jours qui suivirent à calmer ma mère.
Et guetter Mabel.
Je ne vis point celle-ci.
Et ne calmai point l'autre.

Bruit de la bataille proche avec, au loin, grandissant, le bruit des sabots d'un cheval au galop.

VOIX DE FRÉDÉRIC MORT. —

Le mardi matin, vers 10 heures,
Un courrier irlandais
Qui venait du combat arriva sur la place.

Hirsute, dépenaillé, l'homme sauta de cheval
Et attendit pour haranguer la multitude
Qu'elle eut fini de se grouper...

Scène viii

Et tandis que de son balcon Frédéric Stone regarde, le courrier, hissé sur une statue de l'University Place, du geste, réclame le silence; puis commence sa harangue.

LE COURRIER. — O gens de Dublin! Mon nom est Pat O'Roberts. Je sers dans la Blue Guard et arrive de la bataille proche pour vous apprendre à tous que nous n'avons plus d'armes et que les meilleurs d'entre nous sont tombés. (*Remous de foule.*) Aussi, notre ennemi, le duc de Lancaster, en a-t-il profité pour exiger la reddition sans condition de votre ville. (*Nouvelles rumeurs.*) ...Cependant Dublin ne peut se soumettre! Dublin ne peut être prise! Dublin ne peut capituler! (*Nouveaux remous approbatifs.*)

...C'est pourquoi mon chef vous demande d'attraper vos piques et vos pioches et de venir vous joindre à nous, car si vous nous aidez, nous pouvons encore vaincre.

Nouveaux remous désapprobateurs cette fois, puis...

UN HOMME. — Eh! l'homme, serais-tu fou pour nous parler ainsi? Sommes-nous comme toi soldats ou de paisibles citadins?

LE COURRIER, *hurlant.* — Vous êtes tous Irlandais. Irlandais! tous comme moi!

AUTRE HOMME. — Va donc dire à ton chef que mes trois fils sont morts et que nous avons faim!

AUTRE HOMME. — Oui, nous désirons tous que ce siège se termine!

LE COURRIER. — O hommes, seriez-vous lâches?
LA MULTITUDE. — Non, non, ils ont raison!
UNE VOIX, *hurlant.* — Nous sommes las de boulets qui abîment nos maisons!
UNE FEMME. — Du pain! nous voulons vivre! 5
UN HOMME. — A mort, Powel, s'il ne capitule pas!
TOUS, *reprenant.* — A mort, Powel! A mort, Powel, s'il ne capitule pas!

Et tandis que les cris font comprendre que la vie du courrier serait en danger s'il ne fuyait pas, la voix de Frédéric mort reprend. 10

VOIX DE FRÉDÉRIC MORT. —

Je n'aimais point Powel.
Mais j'éprouvai quelque malaise
A entendre ces gens qui l'avaient adulé
Le renier si vilement 15
Après l'avoir tant
Acclamé.

Fin des cris de la foule.

Or, ce fut justement
A cet instant précis 20
Qu'une sonnerie
Retentit par-delà les remparts.

Sonnerie lointaine grandissante.

Impeccable dans les uniformes que j'avais choisis,
C'était ma garde, 25
La "Frédéric Guard"
Ce régiment que j'avais loué
Qui arrivait!!!

Sonnerie plus proche et clameurs de la foule.

La foule d'un même mouvement 30
S'était portée à sa rencontre.

Sonneries, clameurs plus proches.

Maintenant, ils défilaient.

J'étais à mon balcon.
John O'Connel, du sien, me regardait surpris.
Mabel semblait heureuse,
Elle me faisait mille signes et sa mère me souriait.
5 J'étais à moins d'une heure de mon nouveau destin.
Mon roman d'amour et mon étrange carrière de général commençaient!!!

Fin des sonneries et des clameurs. Puis, dans un grand silence où l'on n'entend plus que le pas cadencé du régiment martelant le pavé, un ordre est clamé par le géant qui le commande. Cet ordre sera toujours le même. 10

LE GÉANT, *hurlant.* — Ardiiiii... Ti!
LE RÉGIMENT, *marquant le pas.* — Ti–Ti–Ti!
LE GÉANT, *hurlant.* — Dyork!

15 *Claquement de talons et silence complet à part les bruits de la bataille proche.*

VOIX DE FRÉDÉRIC MORT, *reprenant.* —

Composée de forbans, barbus et moustachus à souhait,
Cette troupe invraisemblable s'était arrêtée net au commandement
20 d'un homme plus velu que les autres et qui les dépassait d'un bon pied pour le moins.
J'allais à lui lentement.
Du geste, il m'arrêta
Et se mit à hurler.

25 LE GÉANT, *hurlant.* — Général Frédéric!... Voici ton régiment!

VOIX DE FRÉDÉRIC MORT. —
Et aussitôt d'un même élan, le régiment entier entonna l'hymne aux braves:

LE GÉANT. — Dyork!
30 LE RÉGIMENT, *chantant.* —

Tuons, tuons gaiement.
Vive le feu,
Vive le sang.
Nous sommes des soldats brillants
35 Et d'honorables combattants.

Soldats bribri[25]
Soldats brillants
Nous sommes des soldats brillants !

LE GÉANT, *hurlant.* — Ardiiiiiiii... Ti !

LE RÉGIMENT, *marquant le pas.* — Ti–Ti–Ti !

LE GÉANT, *hurlant.* — Dyork !

VOIX DE FRÉDÉRIC MORT, *reprenant.* —

La cérémonie fut brève,
J'allais à l'homme qui commandait.

FRÉDÉRIC, *hurlant.* — Géant ! je vous fais capitaine !

LE GÉANT, *hurlant.* — Dyork !

LE RÉGIMENT, *reprenant l'hymne aux braves.* —

Tuons, tuons, tuons gaiement.
Vive le feu...

VOIX DE FRÉDÉRIC MORT. —

Et tandis que le régiment
Reprenait une nouvelle fois cet hymne aux braves
Qui contribua tant à ma gloire,
Sur un signe du géant,
Trois soldats gigantesques se détachèrent des rangs
Et s'avancèrent vers moi;
L'un tenait par la bride un immense cheval blanc,

Hennissements.

L'autre un carton ficelé,
Et le troisième un couvre-chef garni de plumes qui retombaient de tous côtés.

LE GÉANT, *hurlant.* — Dyork !

Roulement de tambour.

LE GÉANT, *hurlant.* — Général Frédéric, voici ton cheval !

Roulement de tambour, hennissements et ruades d'un cheval.

LE GÉANT, *hurlant.* — Général Frédéric !... voici dans ce carton plié ta tenue de campagne et dans son fourreau rouge, ton sabre de combat !

[25] **bribri** *first syllable of* **brillant**

Roulement.

LE GÉANT. — *Général Frédéric!...* Voici ton couvre-chef. Insigne de gloire et de noblesse, à chaque victoire, ton régiment te fera don d'un chapeau plus monumental, plus magnifique et somptueux. A chaque victoire, le nombre des plumes qui le garnissent augmentera.

Roulement.

LA FOULE, *d'un seul élan.* — Vive Frédéric Général!
LE GÉANT, *hurlant, par-dessus la foule.* — Ardiiiii... Ti!
LE RÉGIMENT, *reprenant.* — Ti–Ti–Ti!
LE GÉANT. — Dyork!

Le régiment reprend l'hymne aux braves.

LE RÉGIMENT. —

Tuons, tuons, tuons gaiement,
Vive le feu,
Vive le sang.
Nous sommes des soldats brillants
Et d'honorables combattants.
Soldats bribri
Soldats brillants,
Nous sommes des soldats brillants.

Scène ix

VOIX DE FRÉDÉRIC MORT. —

De nouveau dans ma chambre
Je finissais de revêtir mon uniforme
Lorsque ma mère fit une entrée inattendue.

VIRGINIA, *affolée.* — Oh! Frédéric! Il est encore temps. Fuyez, je vous en conjure. Cette troupe est une troupe d'égorgeurs. Je crains moins vos ennemis que votre capitaine.

FRÉDÉRIC. — Que se passe-t-il ma mère?

VIRGINIA. — Donnez-moi vite des sels ou je vais m'évanouir.

FRÉDÉRIC. — Voici la meilleure fiole. Respirez, respirez!

VIRGINIA. — Merci, mon fils, merci!

FRÉDÉRIC, *inquiet.* — Contez-moi votre émoi.

VIRGINIA, *bouleversée.* — J'étais au salon. Votre capitaine est entré avec deux de vos soldats. Ces hommes portaient une caisse. "Madame, c'est un présent que nous vous apportons", dit votre capitaine, en frisant sa moustache. Je soulève le couvercle et sursaute, effrayée.

FRÉDÉRIC. — Qu'était donc ce présent?

VIRGINIA. — Dix têtes décapitées, sans oreilles et sans nez!

FRÉDÉRIC. — Sans oreilles et sans nez?

VIRGINIA. — Oui, dix têtes d'Espagnols qui leur barraient la route du côté de Baldonne.

FRÉDÉRIC. — Mais les nez...les oreilles...?

VIRGINIA, *dans un cri.* — Ils les avaient mangés pour se donner du nerf![26]

Coupure nette et fanfare.

Scène x

Nous sommes sur l'University Place.

Frédéric et son régiment s'en vont.

La foule acclame tout ensemble: général et soldats.

Et tandis que le régiment s'éloigne, la voix de Frédéric mort reprend:

VOIX DE FRÉDÉRIC MORT. —

O Mabel!
Mabel bien-aimée,
Vous souvenez-vous de moi sur ce stupide cheval
A la tête de ces hommes

[26] **se donner du nerf** gather courage

Et de cette foule hurlante
Lorsque nous sommes partis.
Vous souvenez-vous de cet instant
Où ma monture se dérobant
5 Je suis tombé, fort heureusement
Sur le derrière.

Arrêt idiot de la fanfare, bruit de sabots, rumeurs, exclamations.

LE GÉANT, *désolé.* — Le Général est tombé !
UN AUTRE, *sérieux.* — Remettez le Général en selle.
10 LE GÉANT. — Un peu de tenue, voyons, voyons ![27]
UN SOLDAT, *habitué à ces incidents.* — Vous fâchez pas, mon capitaine, il est à cheval le Général !
LE GÉANT. — Bravo ! bravo ! bien, reprenons.

Fanfare.

15 VOIX DE FRÉDÉRIC MORT. —

Vous souvenez-vous de cette tenue qui me serrait à m'étouffer,
Et de ce sabre, et de ces plumes qui retombaient de mon bicorne
Devant mon nez.

Acclamations, fanfare.

20 O Mabel !
Mabel mon adorée,
Comme il fallait que je vous aime
Pour mentir à cette foule
Et me mentir à moi.

25 *Acclamations, fanfares, fondu sur la voix de Frédéric et presque immédiatement quelques coups de mortier et des clameurs de soldats partant à l'assaut, puis:*

VOIX DE FRÉDÉRIC MORT. —

Je ne vous conterai pas ce que furent les premiers combats.
30 Sachez seulement qu'après avoir culbuté les 6.000 Suisses du Comte de Bourneville
Et pulvérisé les 1.500 Hollandais qui tenaient garnison à Athboy,
Il ne me fallut que 10 jours pour déloger les Ecossais du Duc de

[27] **Un peu de tenue, voyons !** Come on, pull yourself together !

Lancaster des provinces du Meath, de Longford et du Westmeath.

Jugeant ces résultats amplement suffisants,
Et certain que M. O'Connel ne ferait plus aucune difficulté pour m'accorder Mabel, 5
Je laissai quelques troupes pour prévenir toute attaque,
Puis regagnai Dublin le 3 septembre au soir.

Le butin était grand:
Nous avions tué mille hommes,
Fait trois mille prisonniers 10
Et pris vingt-deux canons.

Aussi quand j'arrivai à la tête de ma Garde,
Sur ce maudit cheval
—Qui fut de toutes mes craintes certainement la plus grande—
La foule happa mes hommes, 15
Les porta en triomphe,
Fit partir des pétards
Et dansa jusqu'au jour.

Je n'eus point besoin de rendre visite à John O'Connel.
Je conversais avec ma mère depuis une heure dans le salon... 20

Scène xi

Salon de Virginia Stone.

FRÉDÉRIC. — Ah! les horribles gens, les monstres, les bourreaux! Du sang... Partout du sang... Ma mère, ce fut horrible! ce capitaine géant a égorgé vingt femmes et ces hommes qui s'amusent et s'enivrent sur la place, cinq ou six cents enfants... 25

VIRGINIA. — Qu'attendiez-vous de vos soldats: qu'ils cultivent la violette ou sèment le mimosa?

FRÉDÉRIC. — Reconnaissez, ma mère, qu'avec un peu de chance j'aurais pu contracter un régiment normal et non point me trouver à la tête de vrais fauves, brûlant tout derrière eux... Exécutant les gens, comme ça, pour le plaisir... Et ensuite et surtout célébrant leurs victoires en plaçant sur ma tête ces chapeaux ridicules...

5 VIRGINIA. — Ah ! Dieu que vous êtes drôle !

FRÉDÉRIC. — Je suis tombé vingt fois... et vingt fois cet idiot de Capitaine géant m'a forcé, s'appuyant comme toujours sur un vieux règlement... à remonter en selle... Vous voyez le spectacle !

VIRGINIA. — Je l'imagine fort bien.

10 FRÉDÉRIC, *sincère.* — Non, ce n'est pas une vie !... Serré dans ce dolman, aveuglé par ces plumes, les fesses endolories, en équilibre instable sur cette satanée bête et précédant ces hommes qui, à chaque village pris entonnent leur hymne aux braves et crient leur Arditi !... J'ai cru devenir fou et n'ai rêvé rien d'autre que les

15 exterminer.

VIRGINIA, *prudente.* — Mon fils, parlez plus bas.

FRÉDÉRIC, *à bout.* — Non, mère, j'en ai assez. Qu'ils me laissent... qu'ils me laissent sinon je fais un crime... Je tue ce Capitaine. Je les livre à l'ennemi... je les vends aux Anglais... mais que ce soit fini.

20 VIRGINIA. — Frédéric, calmez-vous ! Je vous avais prévenu. Jouer au Général est un jeu dangereux. Ne joue pas au Général qui veut...

FRÉDÉRIC. — J'enrage, ma mère, j'enrage !

VIRGINIA. — Dublin est délivrée ?

FRÉDÉRIC. — Oui.

25 VIRGINIA, *logique.* — Eh bien, rendez cette panoplie et arrêtez la comédie...

FRÉDÉRIC. — Oui, vous avez raison. Il me faut, sans attendre, trouver John O'Connel et lui parler pour arrêter[28] la date de la cérémonie.

VIRGINIA. — Et fuir !

FRÉDÉRIC. — C'est l'unique solution.

30 VIRGINIA. — Là, vous raisonnez bien.

FRÉDÉRIC. — Car ils n'accepteront de cesser la bataille sous aucune condition.

VIRGINIA. — Qu'ils continuent sans vous... Qu'est-ce que ça peut vous faire si vous êtes au Danemark... avec Mabel et moi ?

35 *On frappe.*

VIRGINIA, *bas.* — Calmez-vous, c'est Kieran. Entrez, Kieran ! Entrez !...

KIERAN, *entrant.* — Mon Général !

[28] **arrêter** to set

VIRGINIA, *excédée.* — Ah, non Kieran. Assez! Appelez-le Frédéric... Frédéric comme par le passé.

KIERAN. — Devant le monde aussi?

FRÉDÉRIC. — Eh quoi, tu m'as vu naître.

KIERAN. — Ce sera difficile. 5

FRÉDÉRIC. — Fais vite... Que désires-tu?

KIERAN. — Le Capitaine Géant demande quels sont vos ordres?

FRÉDÉRIC, *ponctuant.* — Qu'il prenne toute directive et ne m'importune plus. (*Petit temps.*) Qu'y a-t-il d'autre encore?

KIERAN. — Dans le hall: des notables qui sollicitent audience. 10

FRÉDÉRIC. — Je n'ai rien à leur dire et ne veux voir personne...

KIERAN. — L'intendant du Seigneur!...

FRÉDÉRIC. — Personne, Kieran, j'ai dit!

KIERAN, *insistant.* — Dans le petit salon: des femmes venues d'Ashbourne avec de grandes corbeilles garnies de fleurs des champs et un 15 fanion brodé aux armes de Dublin.

FRÉDÉRIC. — Excuse-moi auprès d'elles et dis-leur que je dors.

KIERAN. — Dans l'escalier, l'évêque et dix ou douze pèlerins qui voudraient vous bénir.

FRÉDÉRIC. — Va-t'en leur dire à tous que je suis fatigué et si tu es malin 20 demande à mes soldats qu'ils me vident la maison et chassent de mon jardin cette populace qui braille, afin que je m'échappe et gagne sans être vu la demeure de Mabel.

KIERAN, *simple.* — Mais elle est là, Monsieur, avec Madame sa mère et M. O'Connel. 25

FRÉDÉRIC, *bondissant.* — Où sont-ils?

KIERAN. — Dans le hall. Ils espèrent et n'osent vous déranger.

FRÉDÉRIC. — Ah! Kieran, vieux nigaud qui sait mes confidences.

KIERAN. — Ils n'ont point même voulu que je les annonçasse.

FRÉDÉRIC, *délirant.* — Celle pour qui j'ai lutté. Ma bien-aimée est là. Et tu 30 la fais attendre et ne le dis plus tôt... Qu'elle vienne, Kieran, qu'elle vienne. Va-t'en vite la chercher.

On entend, étouffés, les chants sur la place et les clameurs.

FRÉDÉRIC. — Ma mère, vous ne dites mot.

VIRGINIA, *à la croisée.* — Non, je regarde la foule qui s'enivre sur la place 35 et entoure vos soldats. Ecoutez-la hurler.

On entend étouffés: "Frédéric Général, Frédéric Général" sur l'air des lampions.

FRÉDÉRIC. — Laissez-la à sa joie et partagez la mienne. Dublin est libérée. J'ai tenu ma promesse, John O'Connel ici, nous allons arrêter la date de ce mariage et Mabel épousée, tous trois nous partirons.

VIRGINIA, *avec une certaine tristesse dans la voix.* — Frédéric Général! 5 Frédéric Général!... Ecoutez-les crier. Ils sont plusieurs milliers qui hurlent et vous réclament.

FRÉDÉRIC. — Laissez-les réclamer et croisez les rideaux. Ils croiront que je dors.

VIRGINIA, *tendre.* — Frédéric, mon enfant! J'ai peur. J'ai très très peur que 10 nous ne puissions fuir...

FRÉDÉRIC, *la prenant dans ses bras.* — Pourquoi, diantre,[29] pourquoi?

VIRGINIA. — Je connais cette musique. Vous avez un contrat avec ce régiment et l'on vous demandera encore d'autres victoires. L'engrenage[30] est dangereux. Si vous ne partez point, nous serons pri- 15 sonniers tous deux de votre gloire.

FRÉDÉRIC, *riant.* — Ma mère, vous plaisantez! Dans un mois au plus tard nous partirons d'ici. Dans un mois, jour pour jour, nous quitterons ce pays...

Entre Kieran.

20 KIERAN, *annonçant.* — Mademoiselle O'Connel.

FRÉDÉRIC. — Entrez, mon adorée!

MABEL, *grave.* — Général Frédéric, je vous dis mes respects.

FRÉDÉRIC, *surpris.* — Mon amour, est-ce un jeu? Me faire la révérence. Demeurer à six pas. Que signifie ceci?

25 MABEL, *révérence.* — Je salue le vainqueur du duc de Lancaster.

FRÉDÉRIC. — Maintenant relevez-vous et ouvrez grands vos bras.

MABEL, *contre lui.* — Frédéric, mon amour! Etes-vous toujours le même et m'aimez-vous toujours?

FRÉDÉRIC. — Mabel, prenez ma main et regardez mes yeux. Sont-ils 30 d'une autre couleur?

MABEL. — Non. Ils n'ont point changé. Mais ma joie est si grande qu'il me semble mal entendre lorsque vous me parlez.

FRÉDÉRIC. — Mon amour, je vous aime.

MABEL. — Et je vous aime aussi.

35 FRÉDÉRIC, *subit.* — Vos parents... où sont-ils?

MABEL. — Dans le hall, ils m'attendent.

[29] **diantre** (*familiar*) the deuce
[30] **l'engrenage** these ties

FRÉDÉRIC, *suffoqué.* — Ah, ça, me craindraient-ils? Effrairais-je votre mère et Monsieur votre père aurait-il peur de moi? (*Appelant.*) Kieran ... Où est Kieran?

KIERAN. — Ici, mon Général.

FRÉDÉRIC, *énervé.* — Général!... Général! Que cette comédie cesse. Amoureux de Mabel, pour elle j'ai combattu. J'ai tenu ma promesse et suis redevenu Frédéric Stone. C'est tout! 5

KIERAN. — Bien, Monsieur Frédéric.

FRÉDÉRIC. — Alors, va-t'en chercher M. John O'Connel et prie-le de venir.

KIERAN. — Recevrez-vous avant le Capitaine Géant qui vous réclame encore et dit qu'un règlement vous oblige avant tout à haranguer vos troupes? 10

FRÉDÉRIC, *las, excédé.* — Plus tard, Kieran, plus tard! Va! Dis-lui qu'il me laisse. (*A Mabel.*) Que me veut-il toujours avec ses règlements?

MABEL, *inquiète.* — Comme vous semblez nerveux. 15

FRÉDÉRIC. — C'est vrai, ces gens m'énervent... (*Tendre.*) Mabel, pardonnez-moi et souriez à ma mère. Quand nous marierons-nous?

MABEL. — Demain, si Dieu le veut ou s'il n'est point pressé au plus tard cette semaine.

FRÉDÉRIC. — Ma mère, êtes-vous d'accord? 20

VIRGINIA. — Oh! moi, toujours mon fils. Vos troupes le seront moins si vous attendez trop.

Entre Kieran.

KIERAN, *annonçant.* — Monsieur John O'Connel et Madame.

FRÉDÉRIC. — Entrez, mes chers amis. 25

O'CONNEL, *solennel.* — Général Frédéric, l'honneur que vous me faites de m'accueillir ainsi parmi les tout premiers me bouleverse et m'émeut.

FRÉDÉRIC, *riant.* — Est-ce une farce? Ou vois-je bien?... Je vais être votre gendre et vous vous inclinez... Redressez-vous, Monsieur, et Madame, approchez. 30

Mme O'CONNEL, *également solennelle.* — Votre nom est si grand et vos victoires si belles qu'il paraît qu'en Europe on ne parle que de vous.

FRÉDÉRIC. — Ah non! laissez-moi rire. Je n'ai rien fait du tout. J'ai loué un régiment et ai payé mon grade. Heureux, j'ai triomphé mais ne me suis battu. J'ai eu, sans le savoir, le bonheur de tomber sur une armée fougueuse, connaissant bien les armes — un peu trop à mon 35 gré[31] — et ma victoire est due uniquement à cela... Mais je n'y suis pour rien et même pour tout vous dire, je me suis contenté de diriger de loin, car j'ai horreur du sang et des atrocités. Dublin est libérée. J'ai tenu ma promesse. Me donnez-vous Mabel?

5 *Entre Kieran.*

KIERAN, *annonçant.* — Général Frédéric!

FRÉDÉRIC, *excédé.* — Encore! Que voulez-vous?

KIERAN. — Le Capitaine Géant et deux de vos soldats...

FRÉDÉRIC, *le coupant.* — Expliquez à ces hommes que je vais me marier et
10 que j'arrête la date de la cérémonie.

KIERAN, *insistant.* — Ils disent qu'il est de règle...

FRÉDÉRIC, *éclatant.* — Que ces hommes aillent au diable. Vont-ils à tout moment me poursuivre de la sorte? Veulent-ils me faire mourir?

Entre le Géant.

15 LE GÉANT, *aimable.* — Oh, non, mon Général, car vos hommes et moi-même vous aimons beaucoup trop pour vouloir votre fin.

FRÉDÉRIC, *suffoqué.* — Quoi, c'est vous, capitaine... Passant outre à mes ordres et forçant la consigne... Vous voici devant moi... Entrant dans mon salon...

20 LE GÉANT, *poltron.* — Général Frédéric, calmez votre courroux.

FRÉDÉRIC, *s'étranglant.* — Capitaine, capitaine, ma patience est à bout. Puisque vous voici là, faites vite. Que voulez-vous?

LE GÉANT. — Tout d'abord, m'excuser d'avoir été contraint de passer outre aux ordres que vous avez donnés.

25 FRÉDÉRIC, *furieux.* — Point, à la ligne.[32] Après?

LE GÉANT. — ...Vous rappeler que les règles militaires de l'époque veulent qu'après chaque victoire notre Général vienne recevoir de mes mains, devant le régiment, l'insigne de son triomphe.

FRÉDÉRIC, *bondissant.* — Un bicorne plus grand?

30 LE GÉANT. — Non, seules les plumes augmentent.

FRÉDÉRIC, *logique.* — Mais voulez-vous ma mort? Voulez-vous que j'étouffe?

LE GÉANT. — Je m'excuse, Général, mais c'est le règlement et nous n'y pouvons rien. Vos soldats vous attendent et je viens vous chercher.
35 (*Doux.*) Oui,... il me faut savoir ce que vous décidez.

[31] **à mon gré** for my liking
[32] **Point, à la ligne.** Period, new paragraph.

FRÉDÉRIC. — Allez-vous-en au diable et laissez-moi en paix!

LE GÉANT, *charmant.* — Ceci peut s'arranger, car les règles vous permettent, après chaque victoire, de nous envoyer seuls combattre vos ennemis et de vous reposer.

FRÉDÉRIC, *saisissant au vol.*[33] — Tiens, tiens, celle-ci m'arrange... (*Un temps.*) — Je puis vous renvoyer avec le régiment et moi, pendant ce temps, demeurer à Dublin? 5

LE GÉANT, *net.* — C'est dans le règlement.

FRÉDÉRIC, *joyeux.* — En ce cas, je vous suis. Descendez sur la place et préparez mes hommes. 10

LE GÉANT. — Général, à vos ordres!

FRÉDÉRIC, *grand avec panache.* — Mabel, prenez mon bras, et vous, venez m'entendre haranguer mes soldats!

Frédéric, Mabel, Virginia Stone et les O'Connel sortent.

Scène xii

L'University Place est noire de monde. 15

Frédéric apparaît.

Délirante, la foule hurle, trépigne, l'acclame.

Sur un ordre du capitaine Géant, le régiment entonne une nouvelle fois l'hymne aux braves.

LE RÉGIMENT. — 20

Tuons, tuons, tuons gaiement,
Vive le feu,
Vive le sang...

Puis l'hymne terminé, Frédéric enfourche sa diabolique monture et s'adresse à ses hommes en ces termes. 25

[33] **saisissant au vol** catching on quickly

FRÉDÉRIC. —

Soldats !
Votre amour de la justice,
Votre vaillance,
5 Votre impétuosité,
Et (*il cherche*)
Pour tout dire,
Votre héroïsme,
Ont mis un terme
10 Aux heures les plus tragiques et les plus douloureuses qu'ait jamais vécues Dublin !

Encerclée de toutes parts,
Prête à capituler,
Notre belle ville allait mourir lorsqu'elle fut non seulement
15 libérée par vous...

En colère, vengeur.

Mais dans un rush irrésitible, l'Anglais et ses alliés maudits
Repoussés,
Chassés,
20 Balayés
De quatre de nos plus belles provinces...

L'on fond sur ces répliques et l'on entend de nouveau la voix de Frédéric mort reprendre.

VOIX DE FRÉDÉRIC MORT. —

25 Soulevé sur mes étriers. Mes fesses douloureusement posées sur la croupe de ce satané cheval qui ne savait décidément rien faire d'autre que ruer et caracoler en tous sens.
La tête recouverte du nouvel insigne de ma gloire,
Un bicorne,
30 Encore plus monumental et plus emplumé que les précédents.
Je dus parler ainsi devant 30.000 personnes, et sous une pluie battante, une heure et demie durant.

La voix de Frédéric mort cesse et c'est de nouveau Frédéric vivant qui parle.

FRÉDÉRIC. —

Aussi, soldats, suis-je fier de vous !
Oui, je suis fier,
Fier et heureux,
Heureux et fier, 5
Fier et heureux...

La voix de Frédéric vivant cesse et c'est de nouveau la voix de Frédéric mort qui commente.

VOIX DE FRÉDÉRIC MORT. —

Me souvenant de ces discours vides où les politiciens manient si 10
ravissamment le mot, le trémolo et les silences lourds de menaces.
Je m'efforçai de pasticher au mieux, l'un de ces monuments du verbe,
Qui bercent les foules... et précèdent toujours les grandes catas- 15
trophes !...

On fond. Et c'est de nouveau l'ambiance de la ville et la voix de Frédéric vivant discourant.

FRÉDÉRIC. — Sommes-nous de ces pleutres qui préfèrent la retraite d'une chaumière ombragée, au soleil rouge comme un brasier qui éclaire 20
la bataille où périssent nos ennemis ?...

LE RÉGIMENT, *hurlant.* — Non !

FRÉDÉRIC. — Sommes-nous de ces mélomanes méprisables ; plus amoureux du clavecin et des cordes que de la sublime symphonie faite du sifflement des balles et du vomissement des mortiers ? 25

LE RÉGIMENT. — Non !

FRÉDÉRIC, *grandiloquent.* —

Alors, mes hommes...
Alors, soldats...
Formez les rangs 30
Et
suivez-moi !...

Roulement de tambours.

LE GÉANT. — Ardiiii... Ti !

LE RÉGIMENT. — Ti–Ti–Ti ! 35

LE GÉANT. — Dyork!

LE RÉGIMENT. —

Tuons, tuons, tuons gaiement,
Vive le feu,
5 Vive le sang...

Mêlé aux acclamations de la foule, on comprend que le régiment s'en va. Puis sur ces bruits, la voix de Frédéric mort reprend:

VOIX DE FRÉDÉRIC MORT. —

Ne pensant qu'à Mabel
10 Il me fallait pour l'épouser
Avant tout me débarrasser
De cette armée invraisemblable.

Bruit de la fanfare qui s'éloigne.

La partie me semblant gagnée,
15 Profitant de ce règlement
Je conduisai sous les vivats
Mes deux mille hommes hors de la ville puis regagnai vite ma maison.

Ma mère ne dormait point,
20 Elle m'attendait dans le salon.

Scène xiii

Salon de Virginia Stone.

Frédéric entre.

VIRGINIA, *enthousiaste.* — Frédéric, Frédéric, vous avez été magnifique!

FRÉDÉRIC. — Qu'ont dit les O'Connel?

25 VIRGINIA. — Vos futurs beaux-parents sont idiots, mon enfant; vous les

avez roulés et moi je les ai eus.[34] J'ai fait venir l'Evêque et l'ai reçu ici. Vous épousez Mabel le prochain vendredi.

FRÉDÉRIC, *comptant.* — Lundi, mardi... cinq jours?... Nous avons donc cinq jours. Non, ils ne pourront point bousculer les Anglais et revenir avant.

VIRGINIA. — Mon fils, j'ai tout réglé. Nous embarquons dimanche sur un bateau danois. Nos malles seront à bord. Personne n'en saura rien et quand ce régiment reviendra à Dublin, nous serons loin des côtes.

FRÉDÉRIC, *inquiet.* — Mabel... que dit Mabel?

VIRGINIA. — Je ne lui ai point parlé et m'en remets à vous. Mais je vous déconseille — ceci dit entre nous — de vous confier à elle avant de l'épouser, car je l'ai observée lorsque vous discouriez. Elle semblait satisfaite. Mabel aime les honneurs. Méfiez-vous, Frédéric. Mon fils, soyez prudent et jouez au patriote jusqu'à l'embarquement.

Fondu.

Scène xiv

Près de la ville, Frédéric et Mabel se sont donnés rendez-vous.

L'on entend des chants d'oiseaux, le bruit d'une source proche, des brindilles craquant sous les pas de Mabel qui court.

MABEL, *courant et appelant.* — Frédéric!...

FRÉDÉRIC, *doucement.* — Ici, Mabel, ici.

MABEL. — Mon amour, mon amour.

FRÉDÉRIC, *se levant.* — J'ai choisi sous les arbres ce coin où nous venions quand nous étions enfants, car si les gens nous voient nous ne pourrons parler.

MABEL, *joyeuse.* — J'ai couru aux nouvelles, lisez vite ce journal. Votre armée a battu le duc de Lancaster, repoussé les Anglais par delà Monaghan et libéré Belfast.

[34] **je les ai eus** I fooled them

FRÉDÉRIC, *suppliant.* — Ma fleur!... Ma bien-aimée, nous nous marions demain. Déchirez ce journal et donnez-moi vos mains.

MABEL. — Quoi! Vous aurais-je froissé?

FRÉDÉRIC. — Que non, mon adorée. Mais seulement... mais seulement... laissez ce régiment et ces histoires de guerre. Oubliez la bataille. Allongeons-nous sur l'herbe. Des branches, des feuilles, le ciel: voici notre univers! Serrez-vous contre moi et dites-moi: je vous aime!

MABEL, *déroutée.* — Oh! comme vous êtes étrange. Vous refusez les palmes... Vous fuyez les honneurs.

FRÉDÉRIC. — Je déteste cette gloire et ne la mérite point.

MABEL, *riant.* — Mon âme, vous plaisantez...

FRÉDÉRIC. — Non, je ne plaisante point.

MABEL. — Redescendez en ville et parcourez les rues. Partout, ce ne sont qu'arcs, portraits que l'on accroche. Votre nom fait de fleurs...

FRÉDÉRIC, *navré.* — Je sais, Mabel, je sais. Et c'est ce qui m'accable; car tout ce que j'ai fait ne fut que pour vous. La foule sûrement l'ignore, mais vous qui le savez, accordez-moi la grâce de ne point me parler de cette affreuse histoire et de ces morts horribles. De ce sang répandu... de ces cris... de ces ruines... Aimez-moi sans rien dire, pour moi seul et c'est tout. Demain, vous serez mienne, je serai votre époux. Et dimanche, quand le jour rosira les collines, nous serons déjà loin...

MABEL, *surprise.* — ...Déjà loin?

FRÉDÉRIC. — Nous voguerons sur la mer... sous des voiles brunes ou bleues...

MABEL, *interdite.* — Mais votre régiment...?

FRÉDÉRIC. — Priez Notre-Seigneur qu'il ne revienne avant et donnez-moi vos lèvres.

Un temps. Chants d'oiseaux.

MABEL, *dans un souffle.* — Frédéric!... mon amour...

FRÉDÉRIC. — Mabel... ma bien-aimée! Demain est un grand jour... Nous nous marions demain.

Quelques chants d'oiseaux. Un bruit de source, puis on coupe net et l'on entend toutes les cloches de Dublin carillonner.

Scène xv

Le mariage.

VOIX DE FRÉDÉRIC MORT. —

Toutes le cloches de Dublin, ce vendredi, dès l'aube, carillonnèrent.
Et de vingt-cinq miles à l'entour de la cité 5
On eût juré que la campagne s'était vidée,
De tout son monde.
Venu exprès pour m'acclamer et assister à mon union avec Mabel.

Ambiance foule mêlée aux carillons.

LA FOULE. — Vive Frédéric Général ! 10

On passe de cette ambiance extérieure à celle de la cathédrale où l'on entend les grandes orgues et les chœurs.

VOIX DE FRÉDÉRIC MORT, *reprenant.* —

Ruche gigantesque, la cathédrale illuminée, semblait vibrer comme un essaim tourbillonnant. 15

Ambiance cathédrale, chœurs, clochettes et bruits tels que canne de bedeau martelant le sol.

VOIX DE FRÉDÉRIC MORT, *reprenant.* —

Face au tabernacle d'or,
Lorsque Mabel et moi nous assîmes, sur deux sièges aux couleurs de mon régiment, 20
Rien ne pouvait me laisser supposer que cette cérémonie qui avait si bien commencé, se terminerait de cette façon.

Fin d'un chœur, clochettes...

L'EVÊQUE. — Dominus vobiscum.[35] 25

[35] **Dominus vobiscum.** (*Latin*) The Lord be with you.

ENFANTS DE CHŒUR. — Et cum spiritu tuo![36]

Clochettes, la foule se lève.

L'EVÊQUE. — Ad libitum...[37]
ENFANTS DE CHŒUR. — Amen!
5 L'EVÊQUE, *se tournant vers les fiancés.* — Mabel O'Connel, fille de John et de Daisy, née MacCormic, son épouse, levez-vous et approchez-vous, mon enfant.
MABEL. — Oui, Monseigneur.
L'EVÊQUE. — Général Frédéric, fils de feu Richard Stone et de Virginia,
10 née O'Grady sa veuve, levez-vous et approchez-vous.
FRÉDÉRIC. — Monseigneur.

L'ambiance se fond et la voix de Frédéric mort, reprend.

VOIX DE FRÉDÉRIC MORT. —

Un enfant de chœur présentait à Monseigneur l'Evêque nos deux
15 alliances disposées sur un plateau pourpre.

Chœurs.

Celui-ci les bénissait.
Je souriais à Mabel et Mabel émue me souriait.

Chœurs.

20 Lorsque venant de loin,
par-dessus la prière...
J'entendis une fanfare et blêmis aussitôt.
Subit,
S'interrompant,
25 L'Evêque m'interrogea.
L'EVÊQUE, *bas.* — Qu'entends-je, mon Général?
FRÉDÉRIC. — Je ne sais, Monseigneur.
L'EVÊQUE. — Ne serait-ce la fanfare de votre régiment?
FRÉDÉRIC, *mentant.* — Oh! non, certainement pas...
30 L'EVÊQUE. — Reprenons la prière...
VOIX DE FRÉDÉRIC MORT. —

Je regardais Mabel en rougissant.

[36] **Et cum spiritu tuo!** (*Latin*) And with your spirit.
[37] **Ad libitum** (*Latin*) *The bishop intones a prayer.*

La fanfare se rapprochant, l'évêque de nouveau s'interrompt.

L'EVÊQUE, *à Frédéric.* — Ah! ça, entendrais-je bien?... Quelle est donc cette musique par delà les remparts?

FRÉDÉRIC, *qui sait à quoi s'en tenir.*[38] — Monseigneur, par pitié, unissez-nous très vite. 5

L'EVÊQUE. — C'est bien votre fanfare?

FRÉDÉRIC, *décidé.* — Oui, Monseigneur, c'est elle. Mais faites vite... mariez-nous... Pas une seconde à perdre sinon tout va rater!

Mais durant ces quelques répliques, la fanfare a grandi, grandi au point qu'elle semble proche et couvre les prières. 10

Si bien que, dans la cathédrale, c'est tout d'abord une rumeur, puis...

UNE VOIX. — C'est la Frédéric Guard.

UNE AUTRE. — Général Frédéric, c'est votre régiment!

UNE AUTRE. — C'est votre régiment, qui sur la place arrive... 15

FRÉDÉRIC, *retenant les gens.* — Restez, je vous en prie, vous le verrez plus tard.

Et voilà que la porte de la cathédrale s'ouvre tandis que du porche un homme hurle:

L'HOMME. — Victoire! Victoire! Le duc de Lancaster est aplati, les Fran- 20 çais repoussés, les Espagnols en fuite... Voici la Frédéric Guard qui défile... Venez tous l'applaudir... Venez tous l'acclamer!

FRÉDÉRIC, *cherchant à retenir l'évêque.* — Monseigneur! Monseigneur!

UN PRÊTRE, *oubliant la sainteté du lieu, l'étreignant.* — Sur mon cœur, Général, vive le catholicisme! Le Christ a triomphé! 25

FRÉDÉRIC, *se débattant.* — Monseigneur! Monseigneur!

L'EVÊQUE, *se bouchant les oreilles.* — Le tapage est trop grand, je ne puis officier.

FRÉDÉRIC, *suppliant.* — Restez, je vous en prie, bénissez nos anneaux.

L'EVÊQUE, *navré.* — Je n'ai plus d'enfants de chœur... (*D'un seul coup* 30 *réalisant.*) Ma mitre?... où est ma mitre?... On a volé ma mitre!

Et l'Evêque s'enfuit tandis que sur la place la foule hurle.

LA FOULE. — Vive la Frédéric Guard!

VOIX DE FRÉDÉRIC MORT. —

[38] **qui sait à quoi s'en tenir** who knows what to believe

Invraisemblable !

En un éclair, la cathédrale s'était vidée de tout son monde.

Ma mère, Mabel et moi, désespérés, demeurions seul devant l'autel.

5 *La mère, s'avançant.*

VIRGINIA. — Frédéric, mon enfant, ne restons pas ici, sinon ils vont venir et vous remettre en selle.

FRÉDÉRIC. — Où voulez-vous aller ?

VIRGINIA, *décidée.* — Gagnons la sacristie. Là, nous pourrons parler, voir
10 comment nous enfuir.

FRÉDÉRIC. — Trop tard, ma mère, trop tard ; Voici mon Capitaine qui, sous le porche, avance avec deux de mes hommes.

Et de fait, le capitaine et deux hommes se dirigent vers Frédéric.

MABEL. — Maudite soit cette armée !

15 VIRGINIA. — Tiens, tiens ! vous comprenez...

MABEL. — Je commence... je commence...

FRÉDÉRIC. — Taisez-vous, mes amours... laissez-moi manœuvrer...

Claquements de talons.

LE GÉANT. — Général, mes respects.

20 FRÉDÉRIC. — Repos...[39] Que voulez-vous ?

LE GÉANT. — Général Frédéric, soyez fier de vos hommes. Ils ont pris cent canons et six nouvelles provinces, fait trois mille prisonniers et rasé vingt villages.

FRÉDÉRIC, *agressif.* — Quelles pertes ont-ils subies ?

25 LE GÉANT. — Aucune. Ils sont intacts.

FRÉDÉRIC, *décidé.* — Bon. Tout ça va changer.

LE GÉANT, *surpris.* — Vous dites, mon Général ?

FRÉDÉRIC. — Rien, Capitaine. Après ? Pour moi, c'est jour de noce et, si vous l'ignorez, je désire en finir car je veux me marier.

30 LE GÉANT, *riant.* — Impossible, Général !

FRÉDÉRIC. — Ah ça ! divaguez-vous ?

LE GÉANT. — Mais non, mon Général, nos règles sont formelles. Elles veulent que vous laissiez, du moins pour aujourd'hui, tout projet de mariage.

35 FRÉDÉRIC, *sursautant.* — Ah ça ! vous entends-je bien ?

[39] **repos** at ease

LE GÉANT. — Mais oui, mon général. Vous devez haranguer vos hommes comme il convient. Ce jour est jour de fête, ce jour leur appartient. Du reste, écoutez-les et écoutez la foule.

LA FOULE. — Frédéric Général! Frédéric Général! Frédéric Général!

L'ambiance disparaît et c'est de nouveau la voix de Frédéric mort qui reprend. 5

VOIX DE FRÉDÉRIC MORT. —

Soulevé de terre, je fus porté jusqu'à la place.
Où la même stupide comédie une nouvelle fois se déroula.

Scène xvi

University Place. 10

Discours,

Et second départ de Frédéric Général.

LA FOULE. — Vive Frédéric Général!

LE GÉANT. — Ardi–Ti.

LE RÉGIMENT. — Ti–Ti–Ti! 15

LE GÉANT. — Dyork!

FRÉDÉRIC, *très très vite, comme un disque mal réglé.* —

Soldats!
Votre amour de la justice,
Votre vaillance, 20
Votre impétuosité...

VOIX DE FRÉDÉRIC MORT. —

Les fesses toujours meurtries, mal assis sur ma selle, je dus les haranguer

FRÉDÉRIC. — 25

Oui, je suis fier,
Fier et heureux,

Heureux et fier,
Fier et heureux !

LA FOULE. — Vive Frédéric Général !

LE GÉANT. — Ardi–Ti !

5 LE RÉGIMENT. — Ti–Ti–Ti !

VOIX DE FRÉDÉRIC MORT. —

Puis recevoir un nouveau bicorne

LE GÉANT. — ...insigne de votre gloire. A chaque victoire, le nombre de plumes augmentera.

10 LA FOULE. — Vive Frédéric Général !

LE GÉANT. — Arditi–Ti !

VOIX DE FRÉDÉRIC MORT. —

Et puis une nouvelle fois écouter l'hymne aux braves.
Mais là, n'en pouvant plus, je profitai d'un incident pour dispa-
15 raître et retrouver chez moi Mabel qui m'attendait, désespérée.

Scène xvii

Un boudoir,
Celui de Virginia Stone.
Frédéric entre.
Mabel se précipite dans ses bras.

20 MABEL. — Frédéric, c'est affreux ! Qu'allons-nous devenir avec ce régiment ?

FRÉDÉRIC. — Ne vous désolez point.

MABEL. — Qu'avez-vous décidé ? Ce soir j'espérais tant m'endormir dans vos bras.

FRÉDÉRIC, *souriant.* — Ma fleur, séchez vos larmes, car je vais en finir avec
25 ce régiment.

MABEL. — Qu'allez-vous faire, mon âme ?

FRÉDÉRIC, *simple.* — Repartir au combat.

MABEL. — Déjà ? Mais c'est horrible !

FRÉDÉRIC. — Dans vingt jours au plus tard, je serai de retour... Et cette fois, ma colombe, eux ne reviendront pas!

MABEL, *heureuse.* — Nous pourrons nous marier et vivre notre amour?

FRÉDÉRIC, *tendre.* — Si Dieu le veut, Mabel, dans vingt jours au plus tard.

MABEL, *l'enlaçant.* — Je vous aime et prie Dieu que cette armée périsse et soit anéantie! 5

FRÉDÉRIC. — Vos vœux seront comblés.

MABEL. — Mon âme, je vous adore. Prenez-moi dans vos bras et serrez-moi très fort.

La porte s'ouvre. 10

VIRGINIA, *entrant.* — Pardon, les tourtereaux![40]

FRÉDÉRIC. — Ne vous excusez point, ma mère, que voulez-vous?

VIRGINIA. — Ce capitaine géant, mon enfant, me rend folle... Il exige que tu viennes et décides sur-le-champ si tu accordes aux hommes deux journées de repos pour les récompenser. 15

FRÉDÉRIC, *net.* — Il divague... Pas une heure!

VIRGINIA. — Il prétexte la fatigue...

FRÉDÉRIC. — Tant mieux! j'aurai leur peau... (*Appelant.*) Kieran! Où est Kieran?

KIERAN, *entrant.* — Ici, mon général! 20

FRÉDÉRIC. — Ta valise et la mienne... Nous partons au combat!

KIERAN, *affolé.* — Au combat?...

FRÉDÉRIC. — Au combat!

KIERAN. — Et... je... vous accompagne?

Coupure nette. 25

Scène xviii

University Place.

La fanfare joue l'hymne aux braves.

[40] **tourtereaux** (*familiar*) turtledoves

Le régiment s'en va, une nouvelle fois, sous les acclamations de la foule.

VOIX DE FRÉDÉRIC MORT. —

Décidé coûte que coûte à me débarrasser de mon armée,
5 Sans aucunement tenir compte de la fatigue des hommes,
Je traversai Steffare le 5 septembre,
Portalington le 6,
Puis, forçant de plus en plus l'allure, parvenais à Dromlinler le 9 au matin.
10 C'était là qu'était massé le gros des troupes du duc de Lancaster.
Ma tente plantée,
Il ne me restait plus qu'à donner mes ordres pour que mon diabolique projet s'accomplisse !

Scène xix

Le champ de bataille.

15 FRÉDÉRIC. — Kieran !

KIERAN. — Mon général ?

FRÉDÉRIC. — Que fais-tu au seuil de ma tente avec cette longue-vue ?

KIERAN. — J'observe l'horizon. Nous dominons la plaine, le lac et la forêt. Partout l'on voit des hommes, des chevaux, des canons et de
20 petites taches blanches dans le ciel, tout au loin.

LE GÉANT, *penché sur la table.* — Ça, ce sont les mortiers...

FRÉDÉRIC, *distrait.* — Mon thé, Kieran, mon thé... Que dites vous, Capitaine ?

LE CAPITAINE, *anxieux.* — Je contrôle sur la carte. La partie sera rude.
25 Nous sommes sur la colline et eux dans la vallée. Je ne vois qu'un moyen...

FRÉDÉRIC, *badin.* — Lequel ?

LE CAPITAINE. — Les canonner d'abord avec trente de nos pièces.

FRÉDÉRIC, *léger.* — Trop bruyant, je refuse... ayant horreur du bruit...
30 Kieran, prépare les toasts !

LE GÉANT, *incrédule.* — Mon général plaisante?
FRÉDÉRIC, *sévère.* — En avez-vous connu, mon cher, qui plaisantaient?
LE GÉANT, *confondu.* — Mes excuses, général!
FRÉDÉRIC, *tout en buvant.* — Poursuivez... poursuivez...
LE GÉANT, *hésitant.* — En ce cas, général, nous n'avons pas le choix: nous devons constituer deux groupes de mille soldats et attendre la nuit pour surprendre l'adversaire lorsqu'il s'endormira. 5
FRÉDÉRIC. — Procédés hypocrites! Je condamne ces manières.
LE GÉANT. — Mais, général... pourtant...
FRÉDÉRIC, *outré.* — La nuit?... Des hommes qui dorment? Même s'ils sont vos ennemis?... Dites, n'avez-vous pas honte? 10
LE GÉANT, *suffoqué.* — Mais enfin, général...
FRÉDÉRIC. — Que c'est laid, mon ami!
LE GÉANT, *logique.* — Ils ont cent vingt canons... font dix fois notre nombre... 15
FRÉDÉRIC. — Je veux du beau travail... Le combat s'engagera sur-le-champ, au grand jour, au sabre et à l'épée... Je ne veux point d'autres armes.
LE GÉANT. — Pas même des mousquetons?
FRÉDÉRIC. — Pas un seul pistolet. Et vous les préviendrez par trois sonneries de cuivre... car je veux que l'on sache quand je livre combat. 20
LE GÉANT. — Mais voyons,[41] général... nos ennemis occupant le cœur de la vallée n'auront qu'à mitrailler quand nous allons descendre...
FRÉDÉRIC. — Capitaine, c'est un ordre! Rassemblez vos soldats. Sitôt mon thé fini, je ferai sonner le glas. 25
LE GÉANT, *effrayé.* — Le glas, mon général?
FRÉDÉRIC, *riant.* — Je voulais dire la charge!
LE GÉANT, *solennel.* — Général! L'heure est grave... Nous ne pouvons gagner. Mais soyez assuré que l'honneur sera sauf... Nous préférerons mourir plutôt que de nous rendre. 30
FRÉDÉRIC. — C'est là tout mon espoir. Nous sommes du même avis. Géant, vous pouvez rompre!
LE GÉANT. — Mes respects, général!

Claquements de talons. Le géant s'éloigne.

FRÉDÉRIC. — Kieran, un nuage de lait...[42] Là, merci, c'est assez. 35

[41] **voyons** look
[42] **un nuage de lait** *literally,* a cloud of milk, *i.e., a drop of milk*

KIERAN. — Dois-je défaire les valises?

Sonneries proches.

FRÉDÉRIC. — Non, non, ne touche à rien... dans une heure nous partons, nous regagnons Dublin...

5 KIERAN. — Si vite?

FRÉDÉRIC, *romantique.* — Si vite?... Tu dis si vite? C'est long, huit jours sans elle!

Sonneries, puis roulements de tambours. L'ambiance se fond et c'est de nouveau la...

10 VOIX DE FRÉDÉRIC MORT. —

En haut de la colline.

Disposée sur un rang, ma Guard formait un long cordon et attendait mon ordre pour partir au combat.

Après avoir longuement vérifié qu'aucun de mes soldats ne possé-
15 dait une arme à feu,

Je fis un signe au capitaine et ils partirent.

Sonneries.

LE GÉANT. — Dyork!

Fanfare.

20 *Coups de feu au loin. Hurlements qui s'éloignent.*

VOIX DE FRÉDÉRIC MORT. —

Ils n'étaient point parvenus à mi-colline qu'un feu nourri[43] les dispersa.

J'en vis plusieurs tomber, puis entrai sous ma tente.

25 FRÉDÉRIC. — Kieran!

KIERAN. — Mon général?

FRÉDÉRIC. — Choisis trois chevaux rapides. Attelle-les à la voiture la plus légère. Portes-y nos valises et attends-moi sur le chemin...

VOIX DE FRÉDÉRIC MORT. —

30 En sortant de nouveau, je me heurtai au Capitaine.

LE GÉANT, *triste.* — Général, il faut fuir... Cette bataille est perdue.

FRÉDÉRIC. — Allons, vous voulez rire...

LE GÉANT. — Regardez sur la droite, les troupes de Lancaster sortent de

[43] **un feu nourri** sustained firing

la forêt. Sur la gauche, elles mitraillent et tous les mortiers crachent... et le gros de nos hommes se trouve précisément au centre même[44] du feu.

FRÉDÉRIC. — Excellente position !

LE GÉANT, *lugubre.* — Aucun n'en reviendra. 5

FRÉDÉRIC, *charmé.* — Vous êtes sûr ?

LE GÉANT. — Oui, général, certain !

FRÉDÉRIC, *léger.* — Vous n'y connaissez rien... Leurs deux flancs s'entre-tuent, nos hommes se trouvent au centre. Il faudrait un tir court pour les anéantir... et le leur est trop long. 10

LE GÉANT, *épaté.* — Vous croyez ?

FRÉDÉRIC, *pour s'en débarrasser.* — J'en suis sûr ! Descendez au combat. Regroupez vos soldats et passez à l'attaque.

LE GÉANT. — Vous me rendez la vie. Merci, mon Général !

VOIX DE FRÉDÉRIC MORT. — 15

Je le vis fondre à l'horizon.
Débarrassé de sa présence et convaincu qu'aucun de mes forbans ne sortirait vivant de cette bataille, je courais vite à la charrette et démarrais tout aussitôt.

Scène xx

La première fuite de Frédéric Général. 20

FRÉDÉRIC, *sautant dans la charrette.* — Sauvés, Kieran, sauvés !

KIERAN. — Yup-là !

Claquement de fouet, charrette qui roule. Musique.

VOIX DE FRÉDÉRIC MORT. —

Joli était ce jour, 25
Je pensais à Mabel et ne pensais qu'à elle.
Enfin libres et tranquilles, nous allions pouvoir vivre !

[44] **au centre même** in the very center

Le mieux, pour gagner Druminler, via Dublin, était de couper court par la forêt, ce que je fis.

Or nous roulions, Kieran et moi, depuis une heure, lorsqu'au carrefour de six chemins,

5 Nous entendîmes:

Charrette qui roule et bruit lointain de fanfare.

LE RÉGIMENT. — Tuons, tuons, tuons, gaiement...

La charrette s'arrête.

FRÉDÉRIC. — Kieran... entendrai-je bien?

10 KIERAN. — Il me semble en effet que c'est votre fanfare.

FRÉDÉRIC. — Impossible! ils sont morts.

KIERAN. — Vous l'avaient-ils promis?

FRÉDÉRIC. — C'était mieux qu'une promesse... Ils ne pouvaient gagner!

KIERAN. — C'est pourtant là leur hymne!

15 FRÉDÉRIC. — Fuyons, Kieran! Fuyons! Empruntons ce sentier...

Bruit de la charrette démarrant.

VOIX DE FRÉDÉRIC MORT. —

Mes trois chevaux lancés, je m'enfonçais sous bois,

Mais alors qu'il me semblait fuir,

20 On eût dit qu'ils se rapprochaient.

La fanfare grandit...

FRÉDÉRIC, *criant.* — Demi-tour.[45] Tourne bride![46] Nous allons droit sur eux...

KIERAN. — Il nous faut reculer ou dételer les chevaux.

25 FRÉDÉRIC. — Trop tard! Les voici tous. Ils m'ont vu. Ils accourent.

Une vaste clameur, puis les hommes apparaissent de tous côtés.

LES HOMMES. — Vive Frédéric Général! Vive Frédéric Général!

L'ambiance se fond et c'est de nouveau la...

VOIX DE FRÉDÉRIC MORT. —

Hirsutes, en loques, dépenaillés, sortant des quatre coins du bois,

[45] **Demi-tour!** About face!
[46] **Tourne bride!** Turn back!

C'était une nouvelle fois ma garde.
La Frédéric Guard qui m'entourait et m'acclamait.

LE GÉANT. — Ah ! mon Général ! mon Général... Vous êtes le plus hardi et le plus grand des généraux... car vous aviez raison, le tir était trop long. Ils se sont entre-tués et regroupant mes hommes, nous les avons coupés, encerclés, étouffés. Quelle magnifique tuerie !... Quel massacre admirable !... C'est la première victoire que je remporte ainsi... Au sabre et au couteau, sans même l'aide d'un fusil ! Oui, c'est du beau travail. Nous vous complimentons. Nous n'avons pas un mort et pris cent vingt canons !

LES HOMMES. — Vive Frédéric Général !

VOIX DE FRÉDÉRIC MORT. —

Je vous fais grâce de ma fureur.
Et vous passe sous silence ce que fut ce retour où je dus, une nouvelle fois, haranguer mes hommes, recevoir un nouveau bicorne, subir deux heures durant les vivats de la foule et écouter au garde-à-vous vingt ou trente fois cet hymne absurde et monstrueux.

Effondré, j'étais effondré.
Si, cette fois, coûte que coûte, je ne fuyais pas avec Mabel,
Ma vie entière était gâchée.

En pénétrant dans ma maison, j'eus la sensation d'un vertige... Le hall et les salons étaient remplis de monde.

Scène xxi

Demeure de Virginia Stone.

Salons.

La porte s'ouvre sur Frédéric.

UN NOTABLE. — One, two, three.

TOUS. — Vive le Général Frédéric !

Applaudissements.

FRÉDÉRIC. — Merci, Messieurs, merci !

UN NOTABLE, *suppliant.* — Quelques mots, Général... dites-nous juste quelques mots...

5 FRÉDÉRIC. — Je m'excuse... Je m'excuse, mais suis très fatigué.

UN NOTABLE. — Contez-nous ce combat...

FRÉDÉRIC, *sincère.* — Un très mauvais souvenir !

LE NOTABLE, *riant.* — Général, Général, nous ne vous croyons pas !

FRÉDÉRIC. — Tant pis pour vous ! tant pis pour moi !

10 UN NOTABLE, *avec ferveur.* — Vos mains, général, vos mains...

FRÉDÉRIC, *surpris.* — Que voulez-vous en faire ?

UN NOTABLE. — Les baiser, général !

FRÉDÉRIC, *indigné.* — Ah ! ça non, c'en est trop !... Baisez celles de cette dame et laissez-moi passer...

15 UN AUTRE. — Général ! Général !

FRÉDÉRIC. — Dans ma maison, Monsieur, je suis Frédéric Stone !

UNE FEMME, *se précipitant.* — Monsieur Frédéric Stone.

FRÉDÉRIC. — Voilà qui fait plaisir.

UNE FEMME. — Savez-vous qu'il ne reste au duc de Lancaster que la ville
20 de Rosslane, sur le Saint-George Channel... ?

FRÉDÉRIC. — Voilà qui me désole ; car cette ville est petite et l'on y vit fort mal.

LA FEMME. — Vous allez l'en chasser ?

FRÉDÉRIC. — Je m'en garderai bien !

25 *Rires.*

L'UN. — Qu'il est drôle !

L'AUTRE. — Sympathique !

UN AUTRE. — Et jeune !

UN AUTRE ENCORE. — Et courageux !

30 UNE FEMME. — Et si beau avec ça !...

Brouhaha.

VOIX DE FRÉDÉRIC MORT. —

En traversant le hall et les salons de ma maison je ne pensais qu'à elle et ne la voyais pas.

35 O'CONNEL, *ému, apercevant Frédéric.* — Mon gendre, mon futur gendre !

FRÉDÉRIC. — Mister John O'Connel... Où est Mabel ? Dites-moi ?

O'CONNEL. — Elle attend, au boudoir de Madame votre Mère, que vous la rejoigniez...
FRÉDÉRIC, *fuyant la foule.* — Merci, John O'Connel!
UN INVITÉ, *courant après Frédéric.* — Général... Général!... Où court-il?
O'CONNEL, *radieux.* — Vers sa belle... 5
TOUS. — Vive le Général Stone!

Scène xxii

Boudoir de Virginia Stone. Mabel attend Frédéric. Il entre.

FRÉDÉRIC, *se précipitant.* — O Mabel! ma douce et tendre Mabel... Que n'aurais-je fait pour notre amour!
MABEL, *se laissant enlacer.* — Mon âme, pardonnez-moi, je ne pouvais 10 prévoir que cette histoire de guerre ferait de nous, irresponsables, deux prisonniers...
FRÉDÉRIC, *prenant le ciel à témoin.* — De chair... blottis l'un contre l'autre... éclairés par la nuit, debout dans ce boudoir... sa tête posée sur mon épaule, ses boucles blondes frôlant mes lèvres, voici, mon 15 Dieu, celle que j'adore!...
MABEL, *même jeu.* — Voici, mon Dieu, celui que j'aime.
FRÉDÉRIC. — Dieu tout-puissant, pardonnez-nous!
MABEL. — Je l'ai voulu le plus glorieux pour qu'il prouvât mieux son amour... 20
FRÉDÉRIC. — Et j'ai, pour cela, fait tout ce qu'il fallait faire... Et voilà qu'on m'acclame alors que, derrière moi, l'herbe comme un long tapis par delà les rivières, est rouge et calcinée.
MABEL. — Mon adoré! J'ai honte et sincère est ma peine!
FRÉDÉRIC. — Eux chantent. Ecoutez-les! La victoire est pour eux, fête et 25 gloire tout ensemble. Venez à la fenêtre et regardez la place...
MABEL, *regardant.* — Des feux, des rires, des cris, des cortèges et des danses...
FRÉDÉRIC. — Et voyez ces forbans qui ont tué au couteau, quinze ou vingt fois leur nombre, comme ils ont l'air aimable, innocent, satisfait, 30 honnête et merveilleux dans leurs beaux uniformes.

MABEL. — Frédéric, c'est affreux ! Ils reviendront demain et vous repartirez vers de nouveaux combats !

Bruit de porte.

VIRGINIA, *entrant.* — Ils reviendront sûrement... mais vous serez partis.

5 FRÉDÉRIC. — Ma mère, ma tendre mère !

VIRGINIA. — Laissez les effusions, car nous devons faire vite. J'ai payé un marin : une voiture vous attend pour vous conduire au port. Vous allez vous enfuir... cette nuit même, mes enfants !

FRÉDÉRIC. — Mais, ma mère !...

10 VIRGINIA, *tranchant.* — Général, c'est un ordre ! Voici vos deux passeports. Vos deux identités. Vous, Mabel O'Connel, vous devenez O'Grad, et vous, Frédéric Stone : Frédéric Vischraper, Hollandais d'Amsterdam.

FRÉDÉRIC. — Mabel, acceptez-vous ?

15 VIRGINIA. — Stupide ! Vous êtes stupide ! Quand on enlève une femme, on l'emporte en courant sans poser de questions.

MABEL, *inquiète.* — Avez-vous obtenu l'accord de mes parents ?

VIRGINIA. — Je l'obtiendrai après, ce sera plus facile lorsque vous serez loin... Prenez cet or, mon fils, ces lettres de crédit, et fuyez, croyez-

20 moi, c'est l'unique solution avec ce régiment.

FRÉDÉRIC. — Mais vous, mère, si je pars ?...

VIRGINIA. — Je vous suivrai de près...

L'on entend un sifflement.

MABEL. — Quel est ce sifflement ?

25 VIRGINIA. — C'est le signal de l'homme... La voiture est en bas... (*A Frédéric.*) Ravisseur, suivez-moi en portant votre belle.

FRÉDÉRIC, *à Mabel.* — Que dites-vous, mon amour ?

MABEL, *radieuse.* — Mon âme, emportez-moi !...

On passe de cette ambiance à celle d'un voilier sortant d'un port.

Scène xxiii

Bruit des voiles, cordages, clapotis de l'eau, ordres en porte-voix.

UN HOMME (*criant*). Larguez toutes.
UN HOMME, *répétant*. — Larguez toutes.
LE CAPITAINE. — Trois hommes au foc. 5
UN HOMME, *répétant*. — Trois hommes au foc.
LE CAPITAINE. — La barre 25 au sud.
LE BARREUR, *répétant*. — 25 au sud. Je reste.
VOIX DE FRÉDÉRIC MORT. —

Le 20 septembre 1708, au petit jour, 10
"Le Britta", brick suédois de 720 tonneaux,
Nous emportait, Mabel et moi, vers Copenhague...
Lorsque nous quittâmes Dublin, la mer était calme, le soleil rouge, le ciel sans nuage,
Et une brise douce gonflait les voiles. 15

MABEL, *cherchant Frédéric*. — Frédéric Vischraper! Frédéric Vischraper!
FRÉDÉRIC. — Ici, Mabel O'Grad. Venez, approchez-vous!
MABEL. — Que faites-vous derrière ces cordages?
FRÉDÉRIC. — Je regarde la côte. Elle s'éloigne. Dans une heure nous serons en pleine mer. 20
MABEL, *tendre*. — Frédéric!
FRÉDÉRIC. — Mon amour!
MABEL. — M'aimerez-vous dans vingt ans?
FRÉDÉRIC. — Certainement.
MABEL. — Et dans trente? 25
FRÉDÉRIC. — Plus encore...
MABEL. — Serrez-moi contre vous.
FRÉDÉRIC. — Vous pleurez?
MABEL, *émue*. — Serrez-moi... Là, je suis toute petite, et vous, vous êtes immense! Parlez-moi. Dites des mots. J'aime tant vous écouter! 30
FRÉDÉRIC. — Ma fleur, je vous adore et nous nous marierons à la première escale.

MABEL, *inquiète.* — Pas en Irlande, au moins?

FRÉDÉRIC. — En France, ma bien-aimée!

MABEL. — Voilà qui me rassure. Sinon, ce régiment avec son capitaine nous rejoindrait encore et tout serait raté!

5 FRÉDÉRIC. — Là, s'ils le voulaient même, il y aurait la mer entre l'Irlande et nous.

MABEL. — Quand serons-nous au Danemark?

FRÉDÉRIC. — Je vais le demander. (*Appelant.*) Capitaine! Capitaine!

MABEL. — Embrassez-moi très vite.

10 FRÉDÉRIC. — Vous êtes ma fiancée et cet homme va nous voir.

MABEL, *suppliante.* — Très vite!... (*Baiser.*) Voilà. C'est fait. Et l'homme n'y a rien vu.

Le Capitaine arrive.

LE CAPITAINE, *riant.* — Non, j'ai fermé les yeux...

15 MABEL. — Oh! Monsieur!

Elle se sauve.

LE CAPITAINE, *riant.* — Vous m'avez appelé, Monsieur Vischraper?

FRÉDÉRIC. — Oui, Capitaine. Quand serons-nous au Danemark?

LE CAPITAINE. — Dans trente jours au plus tard, si le beau temps persiste.

20 FRÉDÉRIC, *courant.* — Mabel!... Mabel O'Grad!

LE CAPITAINE, *criant.* — Barre au Nord!

UN HOMME, *répétant.* — Barre au Nord!

LE BARREUR. — La barre est au Nord.

LE CAPITAINE. — Larguez toutes et restez!

25 L'HOMME. — Larguez toutes et restez!

Chants de marine enchaînés à une ambiance tempête.

VOIX DE FRÉDÉRIC MORT. —

Dans trente jours au plus tard
Si le beau temps persiste, avait dit le marin,

30 Or, le soir même,
L'air s'obscurcit
Les vents soufflèrent des quatre coins
Et le vaisseau fut assailli de la plus horrible tempête.
Le lendemain,
35 Mabel et moi nous retrouvâmes sur un radeau

Non loin d'une côte.

Lorsque nous abordâmes, le soleil était haut
Et, de la berge, un vieux pêcheur nous faisait signe.

Une plage déserte.

Scène xxiv

MABEL. — Des dunes, rien que des dunes, et plus loin des prairies. Où sommes-nous, mon amour ? 5

Un vieil homme s'en vient.

FRÉDÉRIC. — Je l'ignore, mon aimée. Mais cet homme qui s'en vient va vite nous renseigner. (*Criant.*) Eh ! l'homme, approchez-vous !

LE VIEUX. — J'accours, mon prince, j'accours, mais mes jambes ont leur âge et elles me portent mal. 10

MABEL. — Oh ! j'aperçois une ville. Frédéric, regardez... Dans la ligne de ces dunes, à gauche de ce sentier.

LE VIEUX, *essoufflé.* — Amis, je vous salue.

FRÉDÉRIC. — Quel est ce continent et cette ville que l'on voit entourée de remparts ? 15

LE VIEUX. — Cette ville se nomme Rosslane et vous êtes en Irlande, sur le Saint-George Channel.

FRÉDÉRIC, *riant.* — Allez !... Vous divaguez !

LE VIEUX. — Je ne puis faire erreur ; j'y suis né, Monseigneur. 20

MABEL, *affolée.* — Frédéric ! Frédéric ! reprenons le radeau !

FRÉDÉRIC. — Du calme, Mabel, du calme. Poursuivez, mon ami. Est-elle aux Irlandais ?

LE VIEUX. — Cette vieille ville fortifiée est l'ultime position du duc de Lancaster. 25

FRÉDÉRIC, *satisfait.* — Voilà qui me réjouit.

LE VIEUX, *il rit.* — Oh !... mais rassurez-vous. Il ne tardera point à déloger d'ici, car il a pour ennemi Frédéric Général !

MABEL, *amusée.* — Comme c'est intéressant !

FRÉDÉRIC, *jouant les étonnés.* — Frédéric Général?

LE VIEUX. — Le plus grand général que le monde ait connu. (*Il rit.*) Vous ouvrez des yeux ronds! Amis, d'où venez-vous pour ignorer ce nom?

5 FRÉDÉRIC, *cherchant.* — Nous... venons... de...

MABEL. — ...Hollande et avons fait naufrage.

LE VIEUX. — Vous êtes seuls survivants?

FRÉDÉRIC. — Si l'on en croit la mer... équipage et vaisseau ont été engloutis et nous sommes les deux seuls qui n'ayons point péri.

10 LE VIEUX, *soupçonneux.* — Avez-vous de l'argent?

FRÉDÉRIC. — Pourquoi pareille question?

LE VIEUX, *ricanant.* — Pour savoir si je peux vous conduire à Rosslane et si, vous conduisant, je serai rétribué...

FRÉDÉRIC. — Tu le seras, vieil homme. J'ai pu sauver mon or et conserver

15 sur moi deux lettres de crédit.

LE VIEUX. — En ce cas, Monseigneur, attendez-moi ici... (*Il crie en courant.*) J'attelle et je reviens.

Un temps. . .

MABEL, *bas.* — Frédéric, mon amour, perdez-vous la raison pour vous

20 rendre à Rosslane?

FRÉDÉRIC, *bas.* — Nous n'avons pas le choix, en quelque ville qu'on aille... mon armée me trouvera. Au moins là, nous pourrons, en attendant une voile, vivre quelques jours en paix et peut-être nous unir!

MABEL. — Mais s'ils vous reconnaissent et vous font prisonnier?

25 FRÉDÉRIC, *bas.* — Je préfère tout au monde, plutôt que retrouver ce régiment maudit.

Le vieux revient.

LE VIEUX, *criant.* — Hello! les amoureux! Mon carrosse vous attend.

FRÉDÉRIC. — Plus un mot, ma chérie!

30 *On les entend se diriger vers la charrette puis, de nouveau, l'ambiance se fond et c'est la voix de Frédéric mort qui reprend.*

VOIX DE FRÉDÉRIC MORT. —

Par un chemin bordé d'ajoncs et de genêts,
Nous arrivâmes devant Rosslane.

35 Le pont-levis était levé

Et les guetteurs nous faisaient signe de retourner d'où nous venions.

Scène xxv

Les remparts de Rosslane.

LE VIEUX, *criant.* — Je vous dis que ce sont deux Hollandais qui viennent de faire naufrage. 5

LE GUETTEUR, *criant.* — Mille regrets, mon ami! Mais la ville est en état d'alerte et nous avons ordre de ne point baisser le pont-levis!

FRÉDÉRIC, *criant.* — Que redoutez-vous donc?

LE GUETTEUR, *criant.* — Frédéric Général et sa Frédéric Guard!...

FRÉDÉRIC. — Je vous jure qu'il ne vous attaquera point! 10

LE GUETTEUR. — Qu'en sais-tu?

MABEL, *bas.* — Par pitié, Frédéric!

FRÉDÉRIC, *bas.* — Mabel, laissez-moi faire.

UN AUTRE GUETTEUR. — Qu'en sais-tu? Réponds-nous!

FRÉDÉRIC, *criant.* — Je suis Frédéric Général! 15

Rires des guetteurs.

MABEL, *vite.* — Frédéric, Frédéric, si vous ne songez à moi, songez à votre mère.

FRÉDÉRIC, *criant.* — Je vous jure que je suis Fré-dé-ric Gé-né-ral!

Rire des guetteurs. 20

LE GUETTEUR, *criant.* — Et moi, Blanche Neige et les Sept Nains!

Les rires redoublent.

LE VIEUX, *riant.* — La farce est amusante, mais ils n'ouvriront point... Bradey est à quinze miles. C'est une jolie cité. Je vais vous y conduire. 25

FRÉDÉRIC, *au vieux.* — Laissez-moi les tenter... (*Criant.*) De l'or... Voulez-vous de l'or?

LE GUETTEUR. — Montre-le !

FRÉDÉRIC. — Regardez... Regardez... ce sac en est rempli !

LE GUETTEUR. — Secoue-le, qu'on entende !

FRÉDÉRIC, *secouant le sac.* — Ecoutez-les tinter.

5 UN AUTRE GUETTEUR. — Ouvre-le !... Fais-nous voir si ce sont de vraies pièces...

FRÉDÉRIC. — Regardez-les sauter et voyez comme elles brillent !

LE GUETTEUR, *hurlant vers la ville.* — De l'or... Ils ont de l'or !... Deux Hollandais avec de l'or...

10 AUTRE GUETTEUR. — Aubergiste ! Aubergiste ! deux touristes étrangers.

AUTRE GUETTEUR. — Deux touristes étrangers, baissez le pont-levis.

FRÉDÉRIC, *au vieux.* — Eh bien ! qu'attendez-vous ? Avancez, mon ami.

LE VIEUX. — Yup-là !

Le pont-levis baissé . . la charrette entre dans Rosslane.

15 *Frédéric, fier, regarde Mabel.*

FRÉDÉRIC, *à Mabel.* — Vous voici rassurée !

MABEL, *triste.* — Rassurée, mais peinée.

FRÉDÉRIC, *surpris.* — Peinée ?... Pourquoi, mon âme ?

MABEL, *gentille.* — Oh... J'aurais tant aimé que l'on vous prît pour un

20 général !

Et la charrette entre dans Rosslane...

Scène xxvi

La place forte de Rosslane.

Les troupes du duc de Lancaster manœuvrent sur la place. La fanfare joue l'hymne écossais.

25 VOIX DE FRÉDÉRIC MORT. —

Ce n'était pas une farce.

Terrorisées étaient les troupes de mon ennemi qui manœuvraient sur la grand'place.

Nos chambres prises et restaurés,
Je laissai Mabel à l'auberge et me dirigeai vers l'église,
Lorsque sur le chemin un homme vêtu de noir m'aborda en ces termes:

L'INCONNU. — Pas un mot! Suivez-moi. Ne tournez pas la tête. 5

FRÉDÉRIC. — Qui êtes-vous?

L'INCONNU. — Vous le saurez bientôt... je ne puis vous parler.

FRÉDÉRIC. — Je me rends à l'église.

L'INCONNU. — L'église n'est plus l'église... C'est un temple protestant et je suis le pasteur. (*Promenant ses regards.*) Plus personne dans cette ruelle... Maintenant, regarde-moi. 10

FRÉDÉRIC, *joyeux, reconnaissant l'inconnu.* — Bill Tunney, mon abbé!

BILL. — Lui-même, Frédéric Stone. Va-t'en et attends-moi près du confessional.

Et tandis que l'on entend les pas de Frédéric s'éloigner, c'est de nouveau la... 15

VOIX DE FRÉDÉRIC MORT. —

L'église était obscure.
Tous les objets du culte et les statues des saints avaient été volés.

Bientôt, la porte s'ouvrit et le vieux prêtre entra. 20

Scène xxvii

L'église.

BILL, *inquiet.* — Ne bouge pas, Frédéric. Ne prononce pas un mot! Laisse-moi voir, contrôler si quelqu'un nous épie. (*Revenant.*) Non. Seuls. Nous sommes les seuls et nous pouvons parler. Assieds-toi. Cette ville vit sous la peur. Qu'es-tu venu chercher? 25

FRÉDÉRIC. — Pouvez-vous me marier?

BILL. — Avec qui?

FRÉDÉRIC. — Mabel, ma fiancée, fille de John O'Connel, le marchand d'uniformes.

BILL. — Je connais. Je connais. Où est-elle?

FRÉDÉRIC. — A l'auberge. Nous avons fui ensemble.

BILL. — Quand veux-tu?

FRÉDÉRIC. — Ce soir même.

5 BILL. — Cette nuit. Viens-t'en cette nuit... A l'heure où nos ennemis dormiront, mon ami. Sinon, je devrais dire les prières protestantes.

Bruit de porte.

FRÉDÉRIC, *sursautant.* — Quelqu'un, la porte s'ouvre...

BILL, *bas.* — Ce sont des Orangistes... Va-t'en... N'aie l'air de rien... Nos
10 vies sont en danger.

L'on entend les pas des ennemis et c'est de nouveau la...

VOIX DE FRÉDÉRIC MORT. —

Or, le soir même,
Un grand branle-bas
15 Et de multiples sonneries de cuivre,
Secouèrent la ville.

Dans la salle commune de l'auberge, Mabel et moi soupions.

Scène xxviii

L'auberge de Rosslane.

MABEL, (*bas*). — Lui avez-vous dit que vous étiez Frédéric Général?

20 FRÉDÉRIC (*bas*). — Je n'ai point eu le temps. Mais attention, Mabel. Ces hommes qui nous entourent sont tous des officiers du Duc de Lancaster.

MABEL. — Ecoutez-les parler...

UN VOISIN, *tonitruant.* — Frédéric Général est un mythe, mon ami! j'ai
25 de bons renseignements. Il paraît qu'il a peur et déteste les armes...

FRÉDÉRIC, *outré, se levant.* — C'est faux, Monsieur, c'est faux. Il n'a point peur des armes, mais déteste la guerre!

UN VOISIN. — Quels sont ces étrangers?

UN AUTRE. — Nous ne leur parlons point.

LE VOISIN, *à Frédéric.* — Fais-nous voir tes papiers.

FRÉDÉRIC. — Les voici!

LE VOISIN, *lisant.* — Frédéric Vischraper. Amsterdam, Hollandais. (*Riant.*) Il porte le même prénom, mais il est plus petit et n'a point son bicorne. 5

UN AUTRE, *riant.* — Voilà qui nous rassure!

UN AUTRE, *faussement furieux, pour faire peur, tel Cyrano*[47]. —

Si nous lui passions nos épées par le corps
Et le faisions saigner gentiment comme un porc! 10

Rires.

La porte de l'auberge s'ouvre et un homme crie:

L'HOMME, *criant.* — Messieurs les Officiers, prenez vos commandements!

UN OFFICIER, *se levant.* — Qu'y a-t-il? Qu'y a-t-il?

L'HOMME. — Frédéric Général et sa Frédéric Guard avancent vers notre ville! 15

UN OFFICIER. — Pressez, Messieurs, pressez. Tous à vos commandements!

Branle-bas. Fuite. La salle se vide. Sonneries au loin. Pas.

Puis Frédéric se retrouvant seul dans cette salle vide avec Mabel, la regarde. 20

FRÉDÉRIC, *désolé.* — Mabel!

MABEL, *désolée.* — Mon tendre amour!

FRÉDÉRIC, *désespéré.* — Maudit! Je suis maudit!... Les voilà de nouveau!

MABEL, *désespérée.* — Et cette fois, mon chéri, comme vous vous êtes enfui... 25

FRÉDÉRIC, *riant.* — Ce sera la potence!

MABEL, *joyeuse.* — Je mourrai avec vous!

FRÉDÉRIC. — En attendant, buvons. Aubergiste, servez-nous.

Sonnerie. Branle-bas, et c'est de nouveau la...

VOIX DE FRÉDÉRIC MORT. — 30

Immense et rouge comme un brasier,
La ville craqua de tous ses membres.

[47] **tel Cyrano** like Cyrano, *the hero of Edmond Rostand's play* Cyrano de Bergerac (*1897*)

Atmosphère bataille. Sonneries, mortier, feu, ordres!

Points noirs du feu: les hommes coururent sur les remparts.

Puis reculèrent épouvantés lorsque le pont-levis céda sous la pression de mon armée.

5 *Et dominant tout, c'est de nouveau la voix du Géant se ruant sur l'ennemi.*

LE GÉANT. — Ardiiiii–Ti.

LE RÉGIMENT. — Ti–Ti–Ti.

LE GÉANT. — Dyork!

10 VOIX DE FRÉDÉRIC MORT. —

Et, de partout, l'on entendit les hurlements des moribonds couvrant le bruit des fers[48] croisés.

Puis le silence gagna chaque ruelle

Et ils chantèrent.

15 *Au loin.*

LE RÉGIMENT. —

Tuons, tuons gaiement,
Vive le feu,
Vive le sang...
20 Nous sommes des soldats brillants
Et d'honorables combattants.
Soldats bribri,
Soldats brillants,
Nous sommes des soldats brillants.

25 VOIX DE FRÉDÉRIC MORT. —

Unis devant Dieu, Mabel et moi quittions l'église lorsque deux hommes qui patrouillaient m'interpellèrent.

[48] **fers** swords

Scène xxix

La ruelle menant à l'église.

Bruit de pas sur le pavé. Au fond, les chants des soldats.

UN SOLDAT. — Halte-là ! Citadins. Montrez-nous vos papiers !
FRÉDÉRIC, *triste.* — Les voici. Prenez-les.
L'AUTRE. — Lève un peu ta lanterne que je voie leurs visages. 5
LE SOLDAT, *suffoqué.* — Sainte Mère, regarde bien !
L'AUTRE, *suffoqué.* — Frédéric Général !
FRÉDÉRIC. — Allez ! Qu'on en finisse ! J'ai fui et déserté !
MABEL. — Vous pouvez disposer de nos corps... de nos âmes !
LE SOLDAT, *suffoqué.* — Frédéric Général et Mabel O'Connel. 10
LE PREMIER, *criant en courant.* — Frédéric Général et Mabel O'Connel sont retrouvés ! Frédéric Général et Mabel O'Connel sont retrouvés !

Galopade.

VOIX DE FRÉDÉRIC MORT. — 15

Je m'attendais au pire,
Mais, aussi surprenant que ce récit paraisse, le Capitaine géant, devant mes troupes en ordre, interpréta ma fuite de toute autre façon !

LE GÉANT, *déclamant.* — Ah ! Général !... Général !... Lorsque mes hommes et moi, vous cherchant le matin ne vous avons trouvé, j'eus tout de suite l'assurance que vous étiez parti tout seul pour cette cité. 20

Le premier dans la ville: tel Attila[49] dans Trêves, Achille[50] au siège de Troie, Charles XII[51] à Narva !

Général Frédéric, l'Irlande est libérée grâce à votre héroïsme. 25

[49] **Attila** *king of the Huns* (445-453)
[50] **Achille** Achilles, *Greek hero of the Trojan War*
[51] **Charles XII** *bold king of Sweden* (1697-1718), *whose military ability and ambitions made Sweden a great power*

Vous êtes l'égal d'Othon,[52] de César,[53] d'Alexandre![54]
Oui, vous êtes le plus grand des généraux vivants!

Fanfare.

VOIX DE FRÉDÉRIC MORT. —

5 En selle sur mon cheval,
Ce fut une dernière fois
La harangue habituelle, la remise du bicorne encore plus emplumé,
Et hurlé par mille bouches, cet hymne qui fit ma gloire et que vous connaissez!

10 Puis, comme il n'y avait aucune raison pour que cette plaisanterie cessât,
Tout semblant endormi
Lorsque le jour revint,
Mabel et moi courûmes à la porte de la ville où trois hommes et
15 leurs aides nous attendaient déjà.

Scène xxx

Les remparts de Rosslane, au petit jour.

FRÉDÉRIC. — Serrurier!
LE SERRURIER. — Général!
FRÉDÉRIC. — Votre ouvrage est-il fait?
20 LE SERRURIER. — La porte est réparée. Les serrures sont en place. Le pont-levis fonctionne.
FRÉDÉRIC. — Levez-le, mon ami, doucement, sans faire de bruit.

[52] **Othon** Marcus Slavius Otho (*A.D.* 32-69), *Roman emperor* (*Jan.-April, A.D.* 69), *who revolted against Nero, then against Nero's successor, and made himself emperor*
[53] **César** Julius Caesar (*102?-44 B.C.*), *Roman military genius and statesman*
[54] **Alexandre** Alexander the Great (356-323 *B.C.*), *king of Macedonia, one of the greatest military leaders in history*

LE SERRURIER. — Ce levier commande tout et j'ai graissé les chaînes. De plus, vos hommes sont ivres. Ils ne s'éveilleront point.

FRÉDÉRIC. — Cocher, approchez-vous !

LE COCHER. — Mes respects, Général !

FRÉDÉRIC. — Votre attelage court-il vite ? 5

LE COCHER. — Il peut courir vingt miles sans boire et sans manger.

FRÉDÉRIC. — Mabel, installez-vous. Je vous rejoins tout de suite. (*Appelant.*) Marin !

LE MARIN. — Mon Général !

FRÉDÉRIC. — Où se trouve le voilier que j'ai payé si cher à votre Capitaine ? 10

LE MARIN. — Il croise devant Rocklyn, toutes voiles hautes,[55] Général !

FRÉDÉRIC. — Rejoignez le cocher. Placez-vous sur son siège pour lui montrer la route. (*Au serrurier.*) Croyez-vous que l'on puisse, ce pont-levis fermé, se sauver de la ville ?

LE SERRURIER. — Ce sera difficile. La ville a trois sorties, mais elles sont condamnées, car partout, j'ai posé, suivant vos instructions, des barres et des cadenas. 15

FRÉDÉRIC. — Remettez-moi les clés et placez une échelle par-dessus le fossé que je ferme ces serrures.

LE SERRURIER. — Une échelle... apprentis ! 20

Les apprentis placent l'échelle contre l'immense porte.

Frédéric grimpe, puis ferme chaque serrure et laisse tomber chaque clé dans l'eau du fossé.

VOIX DE FRÉDÉRIC MORT. —

L'une après l'autre 25
Je fis ainsi...

BRUIT DES SERRURES ET DES CLÉS. —

Clic, clac.
Floc !
Clic, clac. 30
Floc !
Clic, clac.
Floc !

[55] **toutes voiles hautes** in full sail

VOIX DE FRÉDÉRIC MORT. —

Puis écrivis,
En m'appliquant, au beau milieu de la grand'porte et à la craie:

A VENDRE,
5 BELLE OCCASION:
FREDERIC GUARD
(REGIMENT EN PARFAIT ETAT)
ACCEPTERAIS CONDITIONS
PAIEMENTS
10 POUR TOUTES DEMANDES RENSEIGNEMENTS
S'ADRESSER A FREDERIC STONE
PROFESSEUR DE PHILOSOPHIE
COPENHAGUE
DANEMARK

15 VOIX DE FRÉDÉRIC MORT. —

Et ceci fait,
Sautant de mon échelle,
Je courus vers Mabel.

FRÉDÉRIC, *criant, joyeux.* — O Mabel!

20 MABEL. — O Frédéric!

Frédéric grimpe dans la charrette et serre Mabel contre lui.

FRÉDÉRIC. — Mon amour!

MABEL. — Mon âme!

FRÉDÉRIC. — Embrassez-moi!

25 *Le cocher et le marin regardent Mabel et Frédéric et rient.*

FRÉDÉRIC, *digne.* — Eh bien, Messieurs, eh bien! Attendez-vous pour démarrer qu'ils se réveillent et me rejoignent une nouvelle fois?

LE COCHER. — Yup là!

Et l'attelage s'en va au triple galop vers Rocklyn...

Fin

JEAN FOREST

RENE CLAIR

Jean Forest (*standing in photograph above*) was fortunate from the beginning, for he was born in 1912 in one of the most picturesque spots of old Paris, the Place du Tertre in Montmartre. One summer evening nine years later, he met the well-known film producer Jacques Feyder on the same square. Impressed by the intelligent boy, Feyder engaged him for three films: *Crainquebille, Visages d'enfant,* and *Gribiche.* These films won wide acclaim; Jean Forest became a child star and received parts in several other films. He interrupted his acting career only to study at the *lycée,* and he continued it after graduation. Among the films that followed, the most noteworthy was *Etienne* by Jacques Deval.

In the long run, however, acting did not seem satisfactory. Just as he became convinced that he wanted to be a film-script writer, the war intervened. When it was over, he felt that the radio had the greatest need for creative writers. Accordingly, Jean Forest became a writer for the radio, a career in which he is very successful.

To a man whose ambition was to write film scripts, structuring language to convey visual images, it might seem a disappointment to create short-lived and purely oral works. However, Jean Forest assured me in an interview that the radio medium has not disappointed him. Broadcasting, like films, is the result of teamwork. When the manuscript is ready for production, the work is only half done; it is during the actual production that Forest has found the greatest professional satisfaction. On two occasions, his old friend René Clair (*seated in photograph above*) helped him to achieve it.

Jean Forest had already met René Clair in 1925, when he was a boy, playing a part in *Gribiche.* René Clair was then a twenty-three-year-old unknown journalist, who had become interested in film production. Today, René Clair is internationally known as a film director, writer, and producer. His films, notable for satire and fantasy, include *Sous les toits de Paris* (1930), one of the first artistic "talkies," *Le Million* (1931), *A nous la liberté* (1931), *Quatorze juillet* (1932), *Le Dernier milliardaire* (1934), *Le Silence est d'or* (1947), *La Beauté du diable* (1949), and *Les Grandes manœuvres* (1953). Some of his films made outside of France are *The Ghost Goes West* (1935), *I Married a Witch* (1942), and *It Happened Tomorrow* (1943).

In 1962, René Clair was elected to the French Academy, the first film director to be so honored. On that occasion, he showed his modesty and humor when he said that the honor was not really his. Rather, it belonged to a medium of expression as young as our century, to which a benign destiny had given the name of light. He himself had only created shadows — and indeed, "the creator of shadows" is the best description of René Clair.

René Clair and Jean Forest collaborated in the production of *Une Larme du diable,* written by Jean Forest after a play by Théophile Gautier. The play received wide attention, and was chosen to represent France at the international competition for the Prix Italia, which it won in 1951.

Among Jean Forest's many other works, the following are particularly noteworthy: *La Composition de calcul* (in collaboration with Jacques Perret), Prix Italia 1956; and *La Classe intemporelle,* a series of broadcasts that lasted seven years.

UNE LARME DU DIABLE

RENÉ CLAIR. — Mesdames, messieurs, vous allez assister à la représentation d'une pièce écrite il y a cent onze ans par un auteur célèbre et qui n'a jamais été jouée jusqu'à ce jour. La pièce s'appelle *Une larme du diable* et son auteur: Théophile Gautier.

Théophile Gautier,[1] dans le feu de ce génie abondant qui lui permit d'écrire une œuvre dont l'édition complète se monterait à plus de 300 volumes, ne limita pas cette fantaisie à des scènes dialoguées entre les principaux personnages du drame. Non, rien ne coûtait à ce jeune présomptueux[2] et ici non seulement le diable parle, mais aussi Dieu le Père, son Fils et la Vierge. Et il s'y trouve d'autres rôles encore plus difficiles à distribuer à des acteurs, comme celui de la brise, de l'arc-en-ciel, de la fumée ou de la goutte d'eau. Par quels artifices aurait-on pu représenter au théâtre des êtres, des choses ou des substances aussi dénués de pesanteur[3] et qui ne prennent corps que grâce au prestige de la poésie?[4]

[1] **Théophile Gautier** (*1811-1872*) *French poet, novelist, and critic. He advocated that art is itself a creator of beauty — art for art's sake — as exemplified in his collection of poems,* Emaux et camées (*1852*). *His other works include* L'histoire de l'art dramatique en France (*1858-59*), *and the novel,* Le Capitaine Fracasse (*1863*).
[2] **rien ne coûtait à ce jeune présomptueux** that presumptuous youth set no limits
[3] **dénués de pesanteur** fragile
[4] **grâce au prestige de la poésie** thanks to the strength of poetry

Il a fallu attendre jusqu'à ce jour pour imaginer ces artifices et c'est la Radio qui nous en fournit le secret. Quant à la scène où nous allons monter notre spectacle c'est la meilleure que l'on puisse trouver, celle où tous les miracles et les féeries se jouent. 5 Cette scène c'est votre propre imagination.

Nous vous demandons cependant de nous aider un peu, car notre tâche est difficile. Oubliez un instant vos préoccupations d'aujourd'hui, vos projets de demain, le cadre même où vous vous trouvez au moment où je vous parle. Voulez-vous un conseil? 10 Faites comme je fais moi-même: éteignez cette lumière trop forte.

Bruit d'interrupteur.

Vous m'avez entendu? éteignez cette lumière! Croyez-moi, le plaisir que nous espérons vous donner serait gâché si les murs qui vous entourent empêchaient votre esprit de se rendre au rendez-15 vous aérien qui lui est fixé par l'auteur depuis si longtemps. Pensez que la pièce qui va se jouer et qui attend depuis 1839 d'être présentée au public n'a pas eu de chance. Donnez-lui en une. La lumière est éteinte? Merci.

A ceux qui n'ont pas suivi mon conseil parce qu'ils étaient trop 20 paresseux pour se lever de leur siège, je demande une dernière faveur. Dès que ma voix se taira, qu'ils ferment les yeux. S'ils ne le font pas ils ne comprendront rien à ce qui va se passer. Les yeux fermés, tout leur semblera clair. Il faut, vous le savez, un peu d'obscurité pour les actes de magie ou les séances de spiri-25 tisme[5] et puisque votre imagination est la scène où va se jouer notre pièce, cette scène doit être vide et nue et prête à recevoir les décors les plus fantastiques.

Musique.

Nous commençons. Dans l'ombre, j'évoque une ombre, celle de 30 l'auteur, Théophile Gautier...

Théophile Gautier, êtes-vous là? Faites un petit effort, cher Maître barbu, et permettez-nous de vous entendre. Si je vous dérange, et je m'en excuse, ce n'est pas ma faute: c'est la vôtre. Vous avez écrit dans cette comédie un rôle pour l'auteur, pour vous-même,

[5] **les séances de spiritisme** seances

et qui d'autre que vous pourrait le tenir?... Nous allons jouer *Une larme du diable*... Oui, c'est une œuvre de vous... Oui, je sais, je sais, vous en avez tant écrit! Mais de celle-là vous allez vous souvenir, car elle est une des plus précieuses. On croirait qu'y ont collaboré Gérard de Nerval[6] et Musset[7] et... 5

Arrêt de la musique.

Ne vous fâchez pas, ne partez pas! Je viens de nommer deux de vos contemporains que notre époque place très haut. On croirait même y pressentir Giraudoux...[8] Oui, Jean Giraudoux. Vous ne l'avez pas connu sur terre mais vous pouvez le connaître à présent 10 que sa voix, comme la vôtre, a "l'inflexion des chères voix qui se sont tues".[9]

Reprise de la musique.

Croyez-moi, mon bon Maître, les vivants ont grand besoin d'être distraits par des féeries à notre époque. En souvenir de votre jeu- 15 nesse, consentez à jouer votre rôle...

Le drame commence mes chers auditeurs, et j'ai l'honneur, en vous souhaitant une bonne soirée, de vous présenter l'auteur.

La parole est à Théophile Gautier.[10]

L'AUTEUR, *très faiblement.* — Cette comédie est universelle: elle embrasse 20 le Ciel et la Terre...

RENÉ CLAIR. — Plus fort, monsieur Gautier, plus fort. N'oubliez pas que votre voix vient de très loin.

L'AUTEUR, *reprenant, plus fort.* — Cette comédie est universelle: elle embrasse le Ciel et la Terre; chaque partie de la Création y joue 25 son rôle, depuis l'étoile jusqu'à la pierre, depuis l'ange jusqu'au lapin. La cloche y a une langue, les bêtes y parlent comme des personnes, et les personnes comme des bêtes. Il n'y a que moi,

[6] **Gérard de Nerval** (*1808-1855*) *early Romantic French poet and prose writer*
[7] **Alfred de Musset** (*1810-1857*) *Romantic French poet, dramatist, and fiction writer*
[8] **Jean Giraudoux** (*1882-1944*) *French novelist, dramatist, and diplomat*
[9] **"l'inflexion des chères voix qui se sont tues"** *quoted from "Mon rêve familier" by Verlaine*
[10] **La parole est à Théophile Gautier.** Théophile Gautier has the floor.

l'auteur, qui ne dise rien, et je ne vois pas pourquoi; car si humble que je sois, je pense que je puis me mêler à la conversation.

Chut![11] Nous sommes dans la chambre d'Alix et Blancheflor.

ALIX. — J'ai beau travailler,[12] ma sœur, je n'aurai jamais fini de broder cette
5 chape pour le saint Jour de Pâques...

BLANCHEFLOR. — Je t'aiderai, ma très chère Alix, et avec la grâce de Dieu, nous arriverons à temps. Voici que j'ai fini la couronne que je tresse à la Sainte Vierge, avec des grains de verre et de la moelle de roseau.[13]

10 ALIX. — J'ai encore à faire tout ce grand pavot aux larges feuilles écarlates. J'ai bien sommeil. Mes yeux sont pleins de sable, la trame du canevas s'embrouille, la lampe jette des lueurs douteuses,[14] l'aiguille s'échappe de mes doigts... je m'endors...

L'AUTEUR, *il tousse, puis:* — Ici l'auteur. Je vous annonce l'entrée d'un
15 nouveau personnage. C'est l'ange gardien d'Alix.

L'ANGE GARDIEN, *à voix basse.* — Mon enfant, mon Alix! C'est moi, Azraël! Tâche de te réveiller: tu n'as pas fait ta prière ce soir...

ALIX. — Pater Noster, qui es in coelis...

BLANCHEFLOR. — Je m'en vais te délacer et te coucher, ma petite Alix; tu
20 rêves tout debout. Après je me déshabillerai moi-même et dormirai à mon tour...

L'AUTEUR. — L'ange gardien contemple la jeune fille qui se déshabille...

L'ANGE GARDIEN. — La voilà presque nue; on dirait une des statues d'albâtre de la cathédrale, à la voir si blanche et si diaphane, elle est si
25 belle que j'en deviendrais amoureux, tout ange que je suis,[15] si je continuais à la regarder plus longtemps. Ce n'est pas la première fois que les Fils du Ciel se sont épris des filles des hommes. Voilons nos yeux avec le bout de nos ailes...

BLANCHEFLOR. — Bonne nuit, Alix!

30 ALIX. — Blancheflor, bonne nuit!

1er ANGE GARDIEN. — Elles dorment dans leur petit lit virginal. Comme deux abeilles au cœur d'une rose. Soufflons la lampe et remontons là-haut faire notre rapport au Père Eternel.

2ème ANGE GARDIEN. — Frère! Azraël! attends encore un peu!

[11] **Chut!** Silence!
[12] **j'ai beau travailler** regardless of how hard I work
[13] **la moelle de roseau** reed pith
[14] **la lampe jette des lueurs douteuses** the lamp flickers
[15] **tout ange que je suis** in spite of being an angel

L'AUTEUR. — C'est un deuxième ange gardien qui parle. Celui de la sœur d'Alix, Blancheflor.

2ème ANGE GARDIEN. — N'as-tu pas remarqué comme la pauvre Alix avait ses yeux tout rouges à force de travailler? Je veux lui achever son pavot, afin qu'elle ne se fatigue plus la vue et que Messire Yvon, le chapelain, puisse mettre sa chape neuve à la grand-messe du jour de Pâques. 5

1er ANGE GARDIEN. — Je le veux bien, Mizaël, mais prends garde à te piquer les doigts avec l'aiguille...

Musique. 10

L'AUTEUR. — Ici, Théophile Gautier. Laissons les deux jeunes filles endormies et leurs anges gardiens à leur broderie... Prenons de la hauteur...[16] Là! Nous voici au Paradis... Au centre, un vieillard majestueux trône. C'est le bon Dieu, tout simplement. Près de lui, Marie et Jésus. Approchons-nous... Le bon Dieu va parler... 15

LE BON DIEU. — Azraël et son compagnon ne sont pas venus me rendre leurs comptes et faire signer leurs livres: pourtant le souffle endormi des deux jeunes filles confiées à leur garde monte jusqu'au pied de mon trône, comme un parfum et une harmonie. Ah! mes beaux anges, vous êtes des paresseux, et si vous ne vous corrigez, je vous priverai de musique pendant deux ou trois mille ans. 20

MARIE. — Je les ai aperçus il y a un instant, tout occupés de tapisserie...

JÉSUS. — Père, les voici!

LE BON DIEU. — Je vois jusqu'au fond de vos cœurs: vous êtes amoureux de cette Blancheflor et de cette Alix; je m'en vais faire une enquête sur elles, et si elles sont aussi pures que vous le dites, je vous accorde leur âme en mariage: vous les épouserez aussitôt qu'elles arriveront au Ciel. Qu'avez-vous à dire, Jésus? 25

JÉSUS. — Rien qui ne leur soit favorable, mon père. Ce matin, je me suis déguisé en mendiant. Je leur ai demandé l'aumône; elles ont déposé dans ma main lépreuse, chacune à leur tour, une grosse pièce de cuivre toute glacée de vert-de-gris... 30

LE BON DIEU. — Et toi, ma chère Marie?

MARIE. — Elles ont fait brûler dans ma chapelle plus de dix livres de cire, et m'ont donné plus de vingt couronnes de filigranes et de roses blanches. 35

[16] **prenons de la hauteur** let us go up

LE BON DIEU. — Bien, bien. Qu'en pense l'Etoile du matin?

Musique lointaine.

L'ÉTOILE DU MATIN, *voix d'enfant.* — En me levant, je les regarde toutes deux par le coin du carreau, et je les vois qui travaillent ou qui prient.

LE BON DIEU. — L'Etoile du soir?

L'ÉTOILE DU SOIR. — Comme ma sœur matinale, je les ai toujours vues travailler ou prier.

LE BON DIEU. — La Brise a-t-elle un écho à nous apporter?

LA BRISE. — J'ai passé à côté d'elles. L'une chantait: j'ai pris sa chanson sur ma bouche. La voici.

Le début d'une mélodie à choisir. Musique.

LE BON DIEU. — Il n'y a rien à dire... Azraël et Mizaël, vous les épouserez, ce sont deux âmes charmantes. Allons, mes Trônes, mes Principautés, mes Dominations, entonnez le Cantique des Cantiques, et réjouissez-vous, puisque voici deux créatures aussi vierges que Marie ma bien-aimée...

Début de cantique interrompu par tintamarre et rire s'approchant du micro.

UNE VOIX. — Ah! ah! ah!

LE BON DIEU. — Quel est le drôle qui ose ricaner dans mon paradis, d'une manière aussi insolente?...

SATANAS. — C'est moi, vieille barbe grise, moi, Satanas, le diable, comme on dit: ce qu'il y a de plus grand après toi: le gouffre après la montagne!

LE BON DIEU. — Que faisait mon portier Saint-Pierre, avec ses clefs? Où avait-il la tête de te laisser entrer ici, pour nous empester de ton odeur de soufre?...

SATANAS. — Saint-Pierre n'était pas à sa loge. Il était à se promener. Il vient, grâce à moi, si peu de monde ici, que sa charge est une vraie sinécure.

LE BON DIEU. — Beaucoup d'appelés et peu d'élus.

SATANAS. — Il n'y a dans ton paradis que des mendiants, des imbéciles et des enfants morts à la mamelle: on y est en bien mauvaise compagnie: chez moi, c'est bien différent. Ce ne sont que papes, cardinaux, empereurs, rois, princes, dames de hauts parages, prêtres, savants, courtisanes, saints du calendrier: la société est la plus réjouissante du monde et l'on ne saurait en trouver une meilleure.

LE BON DIEU. — Je ne sais à quoi il tient, mon bel ange roussi, que je ne te précipite à cent mille lieues au-dessous du neuvième cercle d'enfer, et que je ne t'y fasse river avec des chaînes de diamants. 5

SATANAS. — Père Eternel, tu te fâches, donc tu as tort!

LE BON DIEU. — Maudit, pourquoi as-tu fait "ah! ah!" lorsque j'allais ordonner à mes anges de chanter le Te Deum?

SATANAS. — Par mes cornes et ma queue,[17] vous faites vous autres beaucoup de vacarme pour peu de chose, et en cela vous ressemblez 10 beaucoup aux rois de la terre: vous voilà bien fiers pour deux âmes de petites filles que je n'ai pas seulement essayé de tenter, comptant bien qu'elles me reviendraient tôt ou tard, et cela sans que je m'en mêle!

LE BON DIEU. — Vous êtes bien fanfaron, monsieur du diable! 15

SATANAS. — Parions, Seigneur Dieu, que je les fais tomber en péché mortel d'ici avant deux jours!

LE BON DIEU. — Que veux-tu que je parie avec toi, mécréant?

SATANAS. — Si je perds, je vous rendrai les âmes de cinquante de vos saints, qui sont à cuire dans la grande chaudière. 20

LE BON DIEU. — Et si tu gagnes?

SATANAS. — Une goutte d'eau, Messire Dieu, car j'ai soif, j'ai soif...

L'AUTEUR. — Et l'Echo de l'Eternité répète...

L'ÉCHO DE L'ÉTERNITÉ. —

Une goutte d'eau! 25
J'ai soif...
J'ai soif...
J'ai soif...

La voix s'éloigne.

L'AUTEUR. — Satanas quitte le paradis. La Vierge Marie est tout émue. 30

MARIE. — Le voilà parti! J'ai peur qu'il ne réussisse!

LE BON DIEU. — Parlons d'autre chose! A quoi allons-nous passer la soirée?... Sainte Cécile!...

SAINTE CÉCILE. — Seigneur?...

LE BON DIEU. — Si vous nous jouiez un air sur la basse que le dominicain 35 vous a si galamment donnée! Que vous en semble? Mon bon roi

[17] **par mes cornes et ma queue** by my horns and my tail

David danserait pendant ce temps-là un pas de sa composition.

SAINTE CÉCILE. — Que vous jouerai-je?...

LE BON DIEU. — Du Mozart[18] ou du Cimarosa,[19] à votre choix. Je défends aux vents et au tonnerre de dire un seul mot de tout ce soir;[20] je veux entendre mon grand air avec tranquillité...

Musique.

L'AUTEUR, *bas.* — Le lendemain à l'aube...

Dans la chambre d'Alix et de Blancheflor...

Satanas n'est pas encore là, mais il ne tardera pas à se faire entendre.

Ecoutons ce que disent les deux sœurs...

ALIX. — In nomine Patris, et Filii, et Spiritus Sancti.[21]

BLANCHEFLOR. — Amen.

L'AUTEUR. — Elles achèvent leur prière, les chères petites.

ALIX. — Tiens! Il me semble que je n'avais pas terminé le grand pavot aux feuilles écarlates. Est-ce que tu n'as pas travaillé après que j'ai été couchée, Blancheflor?

BLANCHEFLOR. — Non, ma sœur.

ALIX. — C'est étrange!

SATANAS, *en dehors.* — Miaou![22] Miaou! Ouvrez-moi la fenêtre! Je suis votre chat. Miaou! J'ai passé la nuit dans la gouttière! Miaou!

L'AUTEUR, *bas et très vite.* — Ça y est![23] Le voilà! C'est lui, Satanas!

BLANCHEFLOR, 3*ème plan.* — N'ouvre pas, Alix! je n'ai pas encore mis ma guimpe, et le page Valentin est à sa croisée!

L'AUTEUR. — Bien ratée, son entrée! Sainte pudeur!

LA CLOCHE. — Mes fidèles, mes chrétiens, je suis la cloche! Ecoutez ma petite voix d'argent, et venez à la messe, à la messe du bon Dieu dans votre église paroissiale!

ALIX. — Dépêchons-nous, nous n'arriverons jamais à temps!

BLANCHEFLOR. — La messe est pour six heures, nous avons encore un grand quart d'heure.

L'HORLOGE. — Ecoutez votre vieille horloge; vous n'avez pas un instant

[18] **Wolfgang Amadeus Mozart** (*1756-1791*) *Austrian composer*
[19] **Domenico Cimarosa** (*1749-1801*) *Italian composer of operas*
[20] **de tout ce soir** this whole evening
[21] **In nomine Patris, et Filii, et Spiritus Sancti.** (*Latin*) In the name of the Father, and of the Son, and of the Holy Spirit.
[22] **miaou!** meow!
[23] **Ça y est!** (*familiar*) There we are!

à perdre: mes aiguilles sont des paresseuses; je retarde de vingt-cinq minutes.

Fondu.

L'AUTEUR. — Nous sommes dans la rue.

C'est un lieu autrement dangereux pour des jeunes filles. 5

Voyons quel tour nous prépare notre diable... Tiens! le voilà transformé en marchand de colifichets!

SATANAS, *en marchand.*[24] — Mes belles demoiselles, daignez jeter les yeux sur ma boutique. Elle est on ne peut mieux fournie. Voulez-vous des rubans, du point de Venise, du satin du Levant, des miroirs 10 de poche en pur cristal?

BLANCHEFLOR. — Nous verrons en revenant de la messe.

ALIX. — Je n'achèterai rien à ce marchand: je lui trouve quelque chose de faux dans la physionomie.

L'AUTEUR. — Notre diable a l'air dépité! Il disparaît!... Oh! le voici en 15 jongleur, un peu plus loin... Qu'est-ce qu'il grommelle?...

SATANAS, *en jongleur, bas.* — Il faut qu'elles manquent la messe: essayons la curiosité. (*Haut.*) Mesdames et messieurs, entrez, entrez! C'est ici et non autre part que l'on trouve véritablement les sept merveilles de la nature... Pour un pauvre sol marqué,[25] vous verrez 20 autant de bêtes étranges que n'en vit onc[26] Marc-Pol[27] en ses voyages, telles qu'oriflants, caprimulges, coquesigrues,[28] cigales ferrées, oiseaux bridés, caméléons, basilics, dragons volants, singes verts, licornes, ânes savants et autres, tout ainsi qu'ils sont portraits sur la pancarte ci-contre. Entrez, entrez, entrez!... 25

BLANCHEFLOR. — Cela doit être bien curieux!

ALIX. — Ne nous arrêtons pas!...

L'AUTEUR. — Elles passent! Le jongleur disparaît, furieux... Mais quel est ce jeune seigneur qui s'approche de nos jouvencelles?... C'est encore lui!... 30

SATANAS, *en jeune seigneur.* — Corbaccho![29] Je n'ai jamais vu deux si charmantes demoiselles! elles valent à elles deux les trois grâces, et

[24] **en marchand** disguised as a merchant
[25] **pour un pauvre sol marqué** for a paltry coin
[26] **ne ... onc(ques)** (*archaic*) never
[27] **Marc-Pol** Marco Polo (*1254?-1324?*), *Venetian explorer and traveler in China*
[28] **oriflants, caprimulges, coquesigrues** *legendary animals*
[29] **Corbaccho!** (*Italian*) Gads!

ensemble madame Cythérée, la mère des amours. Mesdemoiselles, cette rue est pleine de ribauds et de croquants; daignez accepter mon bras; l'on pourrait vous affronter.

BLANCHEFLOR. — Il n'est pas besoin, et ne prenez tant de souci; nous
5 voici au portail de l'église.

Intérieur de l'église. Orgues.

SATANAS. — Il n'y a ici que des enfants et des vieilles femmes. Ceux qui ne sont pas encore et ceux qui ne sont plus: les enfants qui marchent à quatre pattes,[30] et les vieillards qui marchent à trois![31] Voilà donc
10 ceux qui forment ta cour, ô Père Eternel! Tout ce qui est fort, tout ce qui est grand, dédaigne comme moi de te rendre hommage!

Par les boyaux du pape! je ne suis pas en scène, et tout en philosophant, j'oubliais de prendre de l'eau bénite!

L'AUTEUR. — A peine vient-il de tremper ses doigts dans la conque
15 d'ivoire, que l'eau bénite s'est mise à fumer, à siffler, à monter et à bouillir comme si le bénitier était une chaudière...

LE PRÊTRE. — Dominus vobiscum.[32]

L'ENFANT DE CHŒUR. — Et cum spiritu tuo...[33]

SATANAS. — Tu tuo...! du vrai latin de cuisine![34] Le bon Dieu n'est pas
20 difficile!... Mais avisons à ce que font nos deux péronnelles!...

BLANCHEFLOR. — Libera nos a malo.[35]

SATANAS, *ricanant.* — Délivrez-nous du mauvais! Ainsi soit-il! Il paraît que l'on s'occupe de moi, chère Blancheflor!...

L'AUTEUR. — Satanas s'approche de Blancheflor et lui souffle à l'oreille...
25 SATANAS. — Que cette jeune fille est belle! On la prendrait plutôt pour une dame de la cour que pour une simple bourgeoise... Elle efface toutes ses compagnes!...

L'AUTEUR. — Et l'orgueil de Blancheflor répond en écho...

L'ORGUEIL DE BLANCHEFLOR. — Il est vrai que je ne suis pas mal, et que,

[30] **marcher à quatre pattes** walk on all fours
[31] **à trois** *i.e., two legs and a cane*
[32] **Dominus vobiscum.** (*Latin*) The Lord be with you.
[33] **et cum spiritu tuo** (*Latin*) and with your spirit
[34] **latin de cuisine** dog Latin
[35] **Libera nos a malo.** (*Latin*) Deliver us from evil.

si j'étais parée,[36] peu de jeunes filles pourraient l'emporter sur moi![37]

L'AUTEUR. — Satanas exulte. Il se détourne un peu pour ricaner.

SATANAS, *riant.* — O les femmes! Je crois que la plus humble a encore plus d'orgueil que moi, le diable, qui ne reconnais personne au-dessus de moi, pas même Dieu!... Mais poursuivons notre jeu... (*A l'oreille de Blancheflor.*) Tous les hommes ont les yeux fixés sur Blancheflor, cette jeune fille si belle, et si elle voulait pour amant ou pour mari le fils du comte, elle l'aurait très certainement!...

L'AUTEUR. — Cette fois, Blancheflor est si troublée qu'elle laisse tomber son livre de messe... Et déjà, Satanas se préoccupe de sa sœur. Il se loge dans la boucle d'oreille d'Alix... il la fait parler!...

Voici ce que dit la boucle d'oreille.

LA BOUCLE D'OREILLE D'ALIX. — Je suis faite avec l'or le plus fin et par le meilleur orfèvre; on croirait qu'il a pris un rayon de soleil, qu'il l'a forgé et arrondi en cercle, tant je suis luisante et jolie. Et puis je mords par son lobe de corail la plus charmante oreille qui se soit jamais enroulée, comme une coquille de nacre, près d'une tempe transparente et sous de beaux cheveux noirs!...

L'AUTEUR. — Cette petite sotte d'oreille s'empourpre de plaisir. (*A la façon d'un radio-reporter.*) Mais, Mesdames et Messieurs, ce qui se passe en ce moment est extraordinaire. Saint Bonaventure, se détachant d'un vitrail, se projette comme une ombre sur le col d'Alix en l'interpellant:

SAINT BONAVENTURE. — Alix !Alix! prends garde![38]

L'AUTEUR, *même ton.* — Satanas bondit!...

SATANAS. — Saint Bonaventure! Ce n'est pas de jeu, Père Eternel! Tu triches! Cela n'est pas honnête! Tu devais me laisser agir et Saint Bonaventure intervient!...

LE PÈRE ÉTERNEL. — Tu prends la mouche hors de propos![39] C'est la réfraction du soleil à travers les vitraux!

[36] **parée** well dressed
[37] **pourraient l'emporter sur moi** could hold a candle to me
[38] **prends garde!** look out!
[39] **Tu prends la mouche hors de propos!** You're getting all worked up over nothing!

SATANAS. — A d'autres![40] Le soleil n'est pas de ce côté, et les autres ombres se projettent toutes en sens inverse![41]

LE PÈRE ÉTERNEL. — Allons, allons, Bonaventure, remonte à ta fenêtre, et replace-toi dans ta chape de plomb...

5 L'AUTEUR. — Sur l'ordre du Père Eternel, Saint Bonaventure remonte dans son vitrail et Satanas s'en prend à nouveau à Blancheflor, mais cette fois sous les traits du fils du comte.

SATANAS. — Mademoiselle, voici votre missel qui était tombé à terre; il est tout fripé et tout taché; daignez accepter le mien. Laissez-moi
10 celui-ci: j'ai un enlumineur fort habile qui réparera le dommage.

BLANCHEFLOR. — Monseigneur, vous êtes bien bon... Ah! mon Dieu! que ce livre est beau! Que ces figures sont bien peintes! Que ces marges sont ornées avec goût! C'est un livre très précieux... Voyons les images... Quel est donc ce sujet? Je ne le connais pas.

15 SATANAS. — Un jeune homme et une jeune fille qui se promènent seuls dans un beau jardin en fleurs... leurs yeux brillent d'un éclat extraordinaire, leurs lèvres s'épanouissent comme des roses. Le jeune homme a un bras autour de la jeune fille; on dirait qu'ils vont s'embrasser.

20 BLANCHEFLOR. — Je n'ai jamais vu de pareilles vignettes dans un livre de messe!...

SATANAS. — Comme ils ont l'air heureux!...

BLANCHEFLOR. — Je suis toute troublée, et il me vient des pensées qui ne m'étaient pas encore venues... Ah! mais que vois-je encore? Un
25 autre couple...

SATANAS. — La femme est à moitié nue, ses cheveux inondent ses blanches épaules, ses bras diaphanes sont noués au cou d'un beau cavalier; les lèvres de la femme sont collées aux siennes; elle a l'air de boire son haleine.

30 BLANCHEFLOR. — Apparemment, c'est la parabole de l'enfant prodigue[42] quand il est chez les courtisanes. (*Elle tourne encore quelques feuillets.*) Et plus loin encore; je ne voudrais pas voir toutes ces images, et pourtant je regarde. Je me sens la figure toute en feu. Cela est singulier!...[43]

35 SATANAS. — Si cette vertu-là était seule dans une chambre, le premier vice

[40] **A d'autres!** Nonsense!
[41] **se projettent en sens inverse** are pointing the other way
[42] **l'enfant prodigue** the Prodigal Son
[43] **Cela est singulier!** How strange!

un peu bien vêtu qui se présenterait en aurait bon marché![44] Les trois pauvres petites vertus théologales ne sont réellement pas de force à lutter contre sept gros gaillards de péchés capitaux!

BLANCHEFLOR. — Il me semble qu'il serait bien agréable d'être embrassée ainsi par le page Valentin! Il a les dents si blanches, et les lèvres si roses! Voyons encore cette image; je n'en regarderai plus après! 5

SATANAS. — Tu les regarderas jusqu'à la dernière, ou je veux m'emporter moi-même!

BLANCHEFLOR. — Si j'avais un amant qui ressemblât au jeune seigneur peint sur cette miniature, je serais bien heureuse! 10

L'AUTEUR. — En cet instant précis, le prêtre présente aux fidèles la sainte hostie, ce qui a pour résultat immédiat de faire décamper au plus vite Satanas! Blancheflor se ressaisit.

BLANCHEFLOR. — Est-ce que j'ai dormi et rêvé? Où est donc le livre que je tenais tout à l'heure?[45] 15

ALIX. — Tu cherches ton livre? Le voilà à tes pieds.

BLANCHEFLOR. — Mon Dieu! Pardonnez-moi la coupable distraction que j'ai eue pendant votre sainte Messe: il s'est passé en moi quelque chose qui n'est pas naturel: l'air que je respirais m'enivrait comme du vin; des images impures dansaient devant mes yeux. Je ne me suis jamais sentie ainsi. 20

L'AUTEUR. — Du haut du ciel, le Père Eternel regarde Blancheflor.

LE PÈRE ÉTERNEL. — Pauvre enfant! Mizaël, descends lui dire que je lui pardonne! 25

MIZAËL. — Blancheflor, Dieu vous pardonne.

BLANCHEFLOR. — Je me sens plus tranquille.

ALIX. — Allons-nous-en, ma sœur.

BLANCHEFLOR. — Donne-moi le bras; je suis si étourdie que je ne puis me soutenir. 30

SATANAS. — Enfin les voici dehors; j'espère que mes tentations auront un meilleur succès dans un autre endroit.

L'AUTEUR. — Satanas, Satanas, ta goutte d'eau n'est pas encore gagnée! Guettant Alix et Blancheflor, Satanas se promène, solitaire, dans une allée du parc. Les oiseaux chantent, les fleurs embaument. L'endroit est fort beau. 35

[44] **le premier vice un peu bien vêtu qui se présenterait en aurait bon marché** the first vice that presented itself nicely would easily overcome her

[45] **tout à l'heure** a while ago

SATANAS. — Comme la nature est ennuyeuse! A mes pieds, là, devant moi, un colimaçon sur une rose! Quel spectacle!... (*Se penchant.*) Mais que peut dire un colimaçon?

LE COLIMAÇON. — O charmante rose! Je t'aime! Permets que je te baise
5 à la bouche et au cœur! Tu es pleine de délices, et je me pâme rien qu'à t'approcher!

LA ROSE. — Fi donc! Fi donc! Mais veux-tu me laisser, avec tes vilains baisers pleins de bave!

SATANAS. — Ah! voici l'éternelle histoire du monde: la vieillesse et la
10 laideur aux prises avec la vertu et la beauté! Il me semble voir une jeune fille qui épouse un vieux mari!

LE COLIMAÇON. — Ma rose, ma belle rose embaumée! Il est vrai que je bave, mais ma bave est d'argent.

LA ROSE. — Ah! vous n'êtes pas si laid que je le croyais d'abord, et il me
15 semble que je vous aime déjà beaucoup!

SATANAS. — Colimaçon, mon ami, tu es un habile séducteur! Tu as, en vérité, tout ce qu'il faut pour faire le plus délicieux mari du monde: de l'argent et des cornes![46] (*Il rit.*)... Que diable veut donc ce papillon qui voltige par ici et qui bourdonne à l'oreille de
20 la rose? Ah! je devine: c'est le galant. C'est l'ami de cœur: aussi il faut convenir qu'il a un peu meilleure façon que l'autre! (*Il chantonne.*)

SATANAS. — Ah! c'est vous, monsieur du Lapin! Qu'avez-vous à fixer sur moi vos gros yeux bleus? Je n'aime pas qu'on me regarde.

25 JEHAN LAPIN. — C'est que vous avez sur le front, écrite en caractères rouges, une inscription terrible: "Je n'aimerai jamais".

SATANAS. — Arrière! Va-t'en!... (*A part.*) Il a dit vrai! Je n'aimerai jamais, jamais!... Allons! ressaisissons-nous! Voici venir Alix et Blancheflor.

30 ALIX, *arrivant.* — Quel plaisir de se promener sous les larges feuilles des châtaigniers, avec des grappes de fleurs pour girandoles!

BLANCHEFLOR. — Sur un gazon couleur d'espérance, tout semé de marguerites et de pâquerettes.

ALIX. — Voici une marguerite qui a un cœur d'or et des feuilles d'argent:
35 questionnons-la.

BLANCHEFLOR. — Pourquoi faire? Nous n'avons pas d'amoureux!

[46] **des cornes** *i.e.,* horns of a snail and a cuckold

ALIX. — Nous pourrions en avoir si nous le voulions: il y en a beaucoup qui en ont, et qui ne nous valent pas.[47]

BLANCHEFLOR. — Voyons ce que la fleur va dire, cela nous amusera. C'est pour toi que j'arrache ces feuilles. M'aime-t-il, un peu, beaucoup, pas du tout?... Il ne t'aime pas du tout, c'est positif. 5

ALIX. — Tu t'es trompée. Tu as sauté une feuille.

BLANCHEFLOR. — Non, non! j'ai bien compté.

ALIX. — Non, te dis-je.

SATANAS. — Que la nature des femmes est une singulière nature! Voici une petite fille qui ne connaît l'amour que pour en avoir entendu 10 parler, et qui s'indigne à la seule supposition que l'amant qu'elle n'a pas pourrait peut-être ne point l'aimer! Le moment est venu de nous montrer. La petite serait enchantée de faire voir à sa sœur que la marguerite en a menti! Çà, quelle figure allons-nous prendre? Don Juan[48] ou Lovelace?[49] Don Juan est usé comme la 15 soutane d'un séminariste ou l'escalier d'une fille de joie!... Oui, décidément, je serai Lovelace, et je ne doute point que sa perruque poudrée et son habit à la française[50] ne fassent un effet merveilleux!

ALIX. — Quel est ce beau cavalier qui s'avance vers nous? Sa démarche est élégante, il a l'air tout à fait noble et le plus gracieux du monde! 20

BLANCHEFLOR. — On dirait qu'il veut nous aborder!...

SATANAS. — Mesdemoiselles, pardonnez-moi si je me mêle à votre entretien sans y être convié: mais j'ai entendu sans le vouloir, une partie de votre conversation. Vous avez fait à une fleur rustique et sotte qui ne sait ce qu'elle dit, une question à laquelle votre miroir eût 25 répondu plus juste et plus pertinemment. Je m'inscris en faux[51] contre la réponse de la fleur.

ALIX. — L'honnêteté vous fait dire là des choses que vous ne pensez sans doute point!

SATANAS. — Je sais ce que je dis, et je dis ce que je pense: vous allez voir 30 que cette marguerite-ci aura plus de bon sens que l'autre.

[47] **qui ne nous valent pas** who are not as good as we are

[48] **Don Juan** *legendary Spaniard known for his irresistible charms to women. The earliest known literary version of his adventurous life is* El burlador de Sevilla (1630), *English translation* The Love Rogue (1924), *by Tirso de Molina* (1584?-1648), *Spanish dramatist of the Golden Age.*

[49] **Lovelace** *character in Richardson's* Clarissa *who seduces the innocent heroine*

[50] **à la française** French style

[51] **je m'inscris en faux** I disagree

M'aime-t-il, un peu, beaucoup... M'aime-t-il, un peu, beaucoup... Là! je ne suis pas seul maintenant, et voilà une fleur plus avisée qui parle comme moi!

BLANCHEFLOR, *à part*. — Comme il a de l'esprit![52] et qu'il est beau!...

5 L'AUTEUR. — Ce dialogue monte jusqu'au Paradis. Et voilà ce qu'en pensent la Vierge et le bon Dieu...

MARIE, *au Paradis, soupirant*. — Satanas gagnera!...

LE BON DIEU. — Sa goutte d'eau? Oh! oh! oh! oh!...

MIZAËL. — Hélas!...

10 AZRAËL. — Hélas!...

LE BON DIEU. — Ah! ça! allez-vous vous taire, les anges gardiens! Vos gémissements m'empêchent d'écouter!

SATANAS. — Et vous, mademoiselle, n'avez-vous pas interrogé la fleur?

BLANCHEFLOR. — Pourquoi faire? Les fleurs n'ont rien d'agréable à me

15 répondre!

SATANAS. — Comment cela?

BLANCHEFLOR. — Je ne suis pas assez belle et charmante pour que mon sort soit écrit en lettres d'argent autour des marguerites!

SATANAS. — Il doit être écrit, non autour des simples fleurs des champs,

20 mais autour des étoiles des cieux en rayons de diamant!

BLANCHEFLOR. — Vous croyez parler à ma sœur!

SATANAS. — Moi? Point, je vous jure!

ALIX. — Que dites-vous donc à Blancheflor, et qu'avez-vous à chuchoter comme si vous aviez peur d'être entendu?

25 SATANAS. — Je la félicitais sur ce bonheur qu'elle a d'être la sœur d'une aussi belle et gracieuse personne que vous êtes, et je lui marquais combien j'avais l'imagination frappée des mérites qu'on vous voit!

ALIX. — Vraiment! C'était là ce que vous lui disiez?...

30 SATANAS. — Ce ne sont peut-être pas les termes exprès, mais c'est quelque chose comme cela!

L'AUTEUR. — Voilà une scène qui se pose d'une façon qui n'est pas des plus neuves, et qui m'a furieusement l'air[53] de vouloir ressembler à la scène de don Juan entre les deux villageoises! J'aurais dû

35 trouver quelque moyen plus original, mais, bah! D'ailleurs, femmes et poissons se prennent aux mêmes appâts, depuis le

[52] **Comme il a de l'esprit!** How witty he is!
[53] **a furieusement l'air** bears an awful resemblance to

commencement du monde! Cent goujons viennent mordre à la même ligne, cent femmes à la même ruse; le poisson ne sort pas de la poêle pour aller conter aux autres comment il a été pris, et les femmes qui sont fées dans toutes les autres occasions, sont poissons dans celle-là. Ecoutez-les! 5

BLANCHEFLOR. — A quoi pensez-vous donc? Vous avez l'air distrait!

SATANAS. — Je pensais à ceci: que, si j'étais vous, je n'oserais sortir ainsi dans les bois sans voile!

BLANCHEFLOR. — Pourquoi?

SATANAS. — De peur que les abeilles ne prissent mes joues pour des roses, 10 et mes lèvres pour une grenade en fleur; vos dents ont l'air de gouttes de rosée et leur pourraient donner le change![54]

BLANCHEFLOR. — Oh! les abeilles ne voleront pas sur mes lèvres!

SATANAS. — Les abeilles, peut-être non, mais bien les baisers! Les baisers sont les abeilles des lèvres, ils y volent naturellement! (*Il la* 15 *baise sur la bouche.*)

BLANCHEFLOR. — Oh!

ALIX. — Que faites-vous donc?

SATANAS. — Je montre à votre sœur comment je ferai pour vous embrasser! (*Il l'embrasse à son tour.*)[55] 20

ALIX, *à part.* — O suavité! Il me semble que mon âme se fond, et le feu de ses lèvres a passé jusqu'à mon cœur!

SATANAS. — Alix, chère Alix, j'aurais mille choses à vous dire: quand pourrai-je vous voir? Quel mal y aurait-il[56] à vous aller un soir promener au jardin et vous asseoir sous la tonnelle de lilas? J'y vais 25 quelquefois me reposer et rêver à celle que j'aimerai.

ALIX. — Il est si doux de respirer au clair de lune l'âme parfumée des fleurs.

SATANAS. — Blancheflor, chère Blancheflor! Votre sœur pense que je l'aime mieux que vous, mais elle se trompe! Vous êtes, Blancheflor, 30 celle que je cherchais, et il y a déjà bien longtemps que je vous adore sans vous connaître!

BLANCHEFLOR. — C'est singulier, mais je suis avec vous comme si vous étiez un ancien ami, et, quoique ce soit la première fois que je vous vois, vous ne m'êtes pas étranger: je reconnais votre figure, votre 35

[54] **pourraient leur donner le change** could rival them
[55] **à son tour** in turn
[56] **quel mal y aurait-il** what harm would there be in

son de voix; j'ai déjà entendu ce que vous dites. Oui, c'est bien cela: vous êtes bien Lui.

SATANAS. — En effet, nous sommes de vieilles connaissances. (*Se penchant vers Alix.*) Alix, chère Alix, je suis fils cadet de l'empereur de Trébizonde;[57] j'ai six coffres pleins de diamants et d'escarboucles; je puis, si tu[58] le veux, décrocher deux étoiles du ciel pour t'en faire des boucles d'oreilles; je te donnerai pour collier un fil de perles qui ferait le tour du monde; je couperai un morceau de soleil pour te faire une jupe de brocart, et la lune nous fournira de la toile d'argent pour la doublure.

ALIX. — Oh! rien de tout cela, mais un baiser de ta bouche!

SATANAS, *à part.* — O précieuse innocence! Il fallait prendre les diamants, le baiser n'en eût pas été moins savoureux. L'or et la femme s'attirent comme l'ambre et la paille... Que dis-tu, Blancheflor?

BLANCHEFLOR. — Je t'aime tant, que je voudrais être toi pour ne te quitter jamais!

SATANAS. — Ange du ciel! parle d'amour! rougeur de la rose! couleur du lait! ô miel et sucre! ô tout ce qu'il y a de pastoral et de charmant au monde! Cinname, manne distillée, fleur des prairies, noisette des bois!... O vert pomme et bleu de ciel! On ne peut pas dire deux mots de galanterie à ces diables de femmes qu'elles ne vous condamnent aux galères d'amour à perpétuité!... Tu voudrais être moi, jeune enfant! Tu ne me ressembles guère en cela, et il y a longtemps qu'il m'ennuie d'être moi. Oui Alix!

ALIX. — Je me donnerai à toi pour l'éternité!

SATANAS, *à part.* — Heu! heu!... tu rencontres plus juste que tu ne penses. Pour l'éternité? Il ne s'agit pas ici de l'éternité des amoureux, dont il en faut tenir vingt-quatre à l'année, mais d'une bonne et belle éternité du bon Dieu, sans commencement ni fin.

BLANCHEFLOR. — On jouit du haut de la colline d'un point de vue délicieux. Je regarde coucher le soleil; je donne un baiser à la nature.

SATANAS, *se penchant tour à tour vers l'une et vers l'autre.* — La nature est en effet une chose fort agréable, et je vais indubitablement devenir un de ses plus assidus adorateurs. Au coucher du soleil sur la colline, au lever de la lune dans le berceau de lilas... Mes divinités, une affaire de la plus haute importance exige que je vous quitte. Adieu, ma colombe aux yeux bleus; adieu, ma gazelle aux

[57] **Trébizonde** Trebizond, *Greek empire* (1204-1461)

[58] *Here and below, observe the shift to the informal when the mood is intimate.*

yeux noirs; adieu, mon idéal; adieu, ma réalité; adieu, mes infantes![59] Je baise vos petits pieds mignons et le bout de vos mains blanchettes.[60] Serviteur.[61] (*Il part.*)

BLANCHEFLOR. — Il a vraiment des dents superbes! Ce sera un excellent mari. 5

ALIX. — Il a les ongles les mieux faits du monde. C'est un homme de grand mérite...

L'AUTEUR. — La chambre d'Alix et Blancheflor. Satanas entre.

SATANAS. — Je ne connais pas de métier plus fatigant au monde que de faire semblant d'être amoureux, si ce n'est de l'être réellement! 10 J'aimerais autant être cheval de louage ou fille de joie!... Oh! j'en ai la courbature. Mais les affaires vont en bon train, la goutte d'eau est presque gagnée; et je crois que d'ici à peu, je ne serai plus réduit à boire ma sueur salée pour me rafraîchir. Disposons toutes choses pour la réussite de notre projet. 15

Asmodée! Asmodée!...

Ah! ça! chien de boiteux,[62] est-ce qu'il faudra que je t'appelle trois fois?

ASMODÉE. — Plaît-il,[63] seigneur?

SATANAS. — Pourquoi tardais-tu à venir? 20

ASMODÉE. — J'étais en train de débaucher une jeune fille au profit d'un riche vieillard; comme elle était éprise d'un grand coquin de lansquenet[64] bête comme un buffle, mais haut de cinq pieds onze pouces et large à proportion, j'ai eu beaucoup de mal![65]

SATANAS. — Il n'y a rien de vertueux comme une femme qui aime un portefaix! Mais ce n'est pas de cela qu'il s'agit; et je ne t'ai point appelé pour me faire rendre tes comptes. Il faut que tu me souffles ici ton haleine violette, et que tu m'allumes l'air de cette chambre du plus fin feu de luxure qui se puisse trouver!... 25

ASMODÉE. — L'air de la cellule d'une nonne ou d'un cordelier ne sera pas 30

[59] **infantes** Infantas, *i.e.,* Princesses

[60] **vos petits pieds mignons et le bout de vos mains blanchettes** your sweet little feet and the tips of your lily-white hands

[61] **Serviteur!** Your servant!

[62] **chien de boiteux** lame dog

[63] **plaît-il** your wish

[64] **elle était éprise d'un grand coquin de lansquenet** she was taken with a big rascal of a soldier; **lansquenet** *German mercenary of the fifteenth century who served in France*

[65] **beaucoup de mal** a lot of trouble

plus embrasé ni plus aphrodisiaque: du bitume, du soufre, et de l'esprit-de-vin.

SATANAS. — C'est ce qu'il faut: que tout soit en rut dans cette petite chambre virginale, jusqu'aux murailles et aux planchers; que les 5 armoires se trémoussent, que les fauteuils se tendent les bras, et tâchent de se joindre homocentriquement; que les pots se démènent pour dégager leurs anses, se prendre au col, et s'embrasser à la bouche. Qu'un désir plus ardent que le feu de Saint-Antoine prenne au ventre quiconque dépassera le seuil de cette porte!

10 ASMODÉE. — Vous voyez cette petite flamme couleur de punch qui voltige çà et là: c'est la même que j'ai soufflée autrefois dans l'alcôve de Messaline.[66] Si elle s'arrêtait une minute sur le cadavre d'une vierge morte depuis mille ans, on verrait aussitôt sa poussière s'agiter lubriquement, et son ombre devenir plus coquette et plus libertine 15 que feu[67] la reine Cléopâtre en son vivant![68]

SATANAS. — Voilà qui est bien, Asmodée; tu peux retourner à tes affaires; en attendant l'effet de mon stratagème, je m'en vais, pour me distraire, écorcher vives les âmes d'un pape et de trois rois qui viennent de passer de ce siècle à l'autre. Car tout ceci devient d'un 20 fade à vomir!...[69]

L'AUTEUR. — Asmodée n'a pas surestimé son pouvoir. A peine vient-il de disparaître à son tour, que "les désordres" commencent. C'est le fauteuil qui donne le signal en parlant comme suit à une bergère recouverte d'une housse:

25 LE FAUTEUIL. — Je brûle d'amour pour toi: je te trouve si charmante, ô ma ravissante bergère, sous ta robe à grandes fleurs blanches et vertes! Tu as les pieds si mignons, des bras si bien tournés, un dos si souple!... Tu t'étales avec tant de grâce au coin de la cheminée, qu'il faut absolument que je me marie avec toi!...

30 L'AUTEUR. — Et la bergère répond:

LA BERGÈRE. — Si je n'étais pas verte, monsieur le fauteuil, et si mes paupières n'étaient pas retenues par des clous dorés, je rougirais et je baisserais les yeux, car vous mettez dans tout ce que vous dites un feu si surprenant, et vous me regardez d'un air si vainqueur, que 35 j'en suis toute déconcertée!...

[66] **Messaline** *third wife of Emperor Claudius I, known for her debauchery*
[67] **feu** the late
[68] **en son vivant** during her lifetime
[69] **d'un fade à vomir** so dull as to make one sick

LE FAUTEUIL. — Laisse-moi baiser, ô mon adorable bergère, ton petit pied à roulettes de cuivre, et je serai le plus heureux fauteuil du monde!...

LA BERGÈRE. — Monsieur, monsieur! lâchez ma jambe! O l'impudent fauteuil! 5

On entend des chocs de verreries.

L'AUTEUR. — Quels sont ces éclats? C'est une carafe qui s'échauffe.

LA CARAFE. — Mon cher pot bleu du Japon, si nous ne mettons pas un peu plus de retenue dans nos caresses, nous allons nous casser en cent quatre-vingt-dix-neuf morceaux au moins! 10

L'AUTEUR. — Réponse du pot bleu...

LE POT. — O ma carafe, je crois en vérité que je suis fêlé! Tu viens de me cogner si rudement avec une de tes facettes de cristal, que j'en suis tout étourdi!...

L'AUTEUR. — ...Mais voici Alix et Blancheflor... Vous allez assister aux 15 ravages que les efforts conjugués de Satanas et d'Asmodée ont fait naître en ces êtres purs. Une indication. Ecoutez la voix intérieure de Blancheflor...

LA VOIX INTÉRIEURE DE BLANCHEFLOR. — Que fait donc le soleil dans le ciel? Les poètes ont bien tort de lui donner un char attelé de 20 quatre chevaux! il marche aussi lentement qu'un paralytique avec ses béquilles!

L'AUTEUR, *annonçant.* — La voix intérieure d'Alix.

LA VOIX INTÉRIEURE D'ALIX. — Ma lune chérie, soulève donc un pan de ce grand rideau bleu, et montre-moi ta petite face d'argent, plus 25 claire qu'un bassin...

L'AUTEUR. — Blancheflor, toujours en elle-même...

BLANCHEFLOR. — Au coucher du soleil, sur la colline!... Qu'il est beau!... Que je l'aime! Je suis aussi émue à sa seule pensée que si je le voyais devant moi!... Il m'épousera!... Oh! que je suis heureuse!... 30

L'AUTEUR. — Alix, aussi en elle-même:

ALIX. — Au lever de la lune! Il me semble que je ne vis que depuis une heure! Je suis née au moment où je l'ai vu; les autres années de mon existence se sont passées dans les ombres de la mort!...

L'AUTEUR. — Allons bon! Voilà que la main de Blancheflor se met à 35 parler aussi!

LA MAIN DE BLANCHEFLOR. — Croyez-vous que, belle et bien faite comme je suis, toute pleine de fossettes, les doigts si effilés, les ongles si roses, j'aie envie de rester éternellement emprisonnée dans un gant? Le meilleur gant pour moi serait la main d'un jeune cavalier qui me serrerait tendrement; le plus bel anneau serait l'anneau de mariage.

5 L'AUTEUR. — Et le sein d'Alix a également quelque chose à dire.

LE SEIN D'ALIX. — Ce corset rigide me contraint cruellement et m'empêche de palpiter en liberté! Quand pourrai-je m'épanouir sous des lèvres chéries et me gonfler de lait dans la couche nuptiale?

L'AUTEUR. — Tout parle! Voici que les pieds de nos deux héroïnes veulent 10 placer leur mot.

LES PIEDS, — *très vite et par deux voix.*

VOIX 1. — C'est fort ennuyeux de porter continuellement nos maîtresses à vêpres et à la messe...

VOIX 2. — Nous ne voulons plus les porter qu'à des rendez-vous d'amour...

15 VOIX 1. — A des fêtes et à des bals.

VOIX 2. — Nous voulons frétiller et battre la mesure.

VOIX 1. — Faire des entrechats.

VOIX 1 ET 2. — Et nous divertir de la belle manière!...

L'AUTEUR. — Mais l'heure approche; les deux sœurs reprennent conscience.

20 BLANCHEFLOR. — Mon Alix, j'ai fort mal à la tête; l'air de cette chambre est brûlant: j'étouffe! Si j'allais me promener un peu, cela me ferait du bien!... (*A part.*) Je tremble qu'elle ne me propose de m'accompagner...

ALIX. — Va, ma sœur; mais, comme je me sens un peu lasse, tu ne m'en 25 voudras pas de te laisser aller seule...

Blancheflor sort.

Je ne savais comment la renvoyer; maintenant, aiguille, accélère le pas; timbre de l'horloge, mets-toi à chanter la plus belle heure de ma vie...

30 *Chant accéléré de l'horloge.*

L'AUTEUR. — Tandis que Blancheflor se hâte au rendez-vous, Satanas arrive tout essoufflé...

SATANAS. — Par la triple corne du plus sot mari qui soit d'ici à bien loin! malgré mes ailes de chauve-souris et ma célérité bien connue, j'ai 35 manqué arriver le dernier. Les pieds mignons d'une fille qui va au rendez-vous sont plus prompts que les ailes du grand diable lui-même; et celui qui va perdre son âme se hâte plus que celui qui va la lui gagner, à ce jeu de dés qu'on nomme Amour dans le monde, et luxure dans le catéchisme!... Çà, prenons un air rêveur, et mettons sur notre face cuivrée un masque de mélancolie amoureuse et de galante impatience. Je la vois qui monte le revers du coteau; elle semble plutôt glisser que marcher; le désir la soutient en l'air, lui met des plumes au talon, et ne la laisse toucher le sol que du bout des orteils; sa face rayonne de béatitude, des effluves ondoyants voltigent avec ses blonds cheveux,[70] autour de sa tête transparente; elle éclaire l'air qui l'environne, et ses yeux répercutent plutôt la lumière qu'ils ne la reflètent. Comme elle court joyeusement à sa damnation! Pas une hésitation, pas un regret! et pourtant, dans ses idées, ce qu'elle va faire est la plus impardonnable des fautes! Mais elle aime; elle est si heureuse de se perdre, de montrer à son amant qu'elle renonce pour lui à sa couronne d'étoiles,[71] comme à sa couronne d'orangers![72] Bien peu d'âmes comprennent ce plaisir ineffable et profond de se fermer les portes du monde et les portes du ciel, pour se cloîtrer à tout jamais dans l'amour de la personne aimée! Cette âme qui va être à moi tout à l'heure est une de ces âmes! En vérité, pour son premier amour, elle méritait de rencontrer mieux, et j'ai presque regret de prendre celle qui se donne si franchement, si noblement, sans arrière-pensée, sans précaution! Elle ne m'a pas même demandé mon nom, elle ne veut savoir de moi que mon amour. D'honneur! si je pouvais faire usage de sacrements, je l'épouserais très volontiers, car c'est une brave fille!...

BLANCHEFLOR, *arrivant.* — Vous m'attendiez? Il n'est cependant pas l'heure! O cher cœur! Vous m'attendiez!

SATANAS. — Je vous attends depuis l'éternité, et sitôt que vous veniez, je vous attends toujours!

BLANCHEFLOR. — Vous dites là ce que j'ai pensé en vous voyant pour la première fois; j'ai pensé que vous aviez bien tardé à venir!

SATANAS. — C'est que nous étions faits l'un pour l'autre; c'est que nos âmes sont jumelles et accouraient d'un bout du monde à l'autre pour s'embrasser et se confondre. Nos âmes sont comme deux gouttes de pluie qui glissent le long de la même feuille de rose, et

[70] **des effluves ondoyants voltigent avec ses blonds cheveux** a shimmering radiance emanates from her blond hair
[71] **couronne d'étoiles** crown of stars, *i.e.,* salvation
[72] **couronne (de fleurs) d'oranger** wreath of orange blossoms, *i.e.,* marriage

qui, après avoir cheminé quelque temps côte à côte, se touchent, d'abord par un point, puis entremêlent leur cristal fraternel et finissent par ne former qu'une seule et même larme.

BLANCHEFLOR. — Ma goutte d'eau est une larme de joie.

5 SATANAS. — La mienne est une larme bien amère; aucun œil mortel ne pourrait en pleurer une semblable sans devenir aveugle. Il n'y a que moi qui aie pu la pleurer et ne pas en mourir!

BLANCHEFLOR. — Oh! laisse-moi la boire!

SATANAS. — Le jus laiteux de l'euphorbe, le venin de l'aspic et de la 10 vipère, ont un poison moins subtil et moins prompt.

BLANCHEFLOR. — On dit qu'il y a des bouches qui sucent sans danger la morsure des serpents et la guérissent; est-ce que l'amour ne pourrait guérir d'un baiser les morsures de la douleur sans en prendre le venin?

15 SATANAS. — Essayons.

BLANCHEFLOR. — Sur tes yeux et ta bouche.

SATANAS. — Sur ton sein.

BLANCHEFLOR. — Plus tard!... Oh! je t'en prie, ne va pas croire au moins que je veuille t'éviter!... j'irais jusqu'à toucher l'horizon du bout 20 des doigts pour me donner à toi tout entière et sans réserves![73]... Je ne suis pas de ces femmes qui s'économisent et se détaillent,[74] qui donnent un jour une main à baiser, l'autre jour le front ou le bas de leur robe, pour faire durer plus longtemps l'amour par le désir... Quand tu devrais m'abandonner[75] au bout d'une heure, 25 je serais satisfaite; je serais sûre, au moins, que tu m'aurais aimée cette heure-là: et qui peut dire qu'il ait été véritablement aimé une heure pendant sa vie? C'est le dernier caprice de ma virginité expirante: c'est la première chose que je te demande; accorde-la-moi: je voudrais encore revoir une dernière fois la petite chambre où 30 j'ai passé tant d'années pures et limpides, je voudrais jeter encore un regard sur ma vie de jeune fille. Et puis j'ai sur ma fenêtre, dans une cage, une petite colombe sauvage qui ne fait que gémir la nuit et la journée: je voudrais lui donner sa volée avant de partir avec toi pour ne plus revenir...

35 SATANAS. — Et Alix, comment l'écarter?

[73] **sans réserves** without reservation

[74] **qui s'économisent et se détaillent** who save themselves and give themselves bit by bit

[75] **quand tu devrais m'abandonner** even if you should abandon me

BLANCHEFLOR. — Je n'y pensais plus; je ne pense qu'à toi maintenant. Tu es le seul être qui existe au monde à mes yeux; et tu fais un désert autour de toi!

SATANAS. — Prends cette fiole; verse une goutte de la liqueur qu'elle contient dans le verre de ta sœur; le tonnerre du ciel[76] et le canon de la terre gronderaient à son oreille, elle ne se réveillerait pas. (*A part.*) C'est moi qui l'irai réveiller. 5

BLANCHEFLOR. — Mais, il n'y a pas de danger pour elle?

SATANAS. — Non. Aussitôt que la nuit noire aura jeté ses épaisses fourrures sur mes épaules, je serai sous la fenêtre avec deux chevaux: je frapperai trois coups; et tu viendras... 10

BLANCHEFLOR. — Adieu! Je te laisse mon âme!... (*Elle s'en va.*)

SATANAS. — Voici une jeune créature qui s'exprime avec beaucoup de facilité et qui n'est point tant sotte que je l'aurais cru! Tudieu! Comme elle parlait d'abondance![77]... et les beaux yeux qu'elle avait!... Si je n'étais le diable, c'est-à-dire un personnage assez peu érotique, je croirais en vérité que je joue au naturel le rôle d'amoureux, car je me suis senti au fond de moi deux ou trois petits mouvements qui pourraient bien être de concupiscence, ou de l'amour, pour parler un langage plus harmonieux et plus honnête... Mais, Alix? Je lui ai donné rendez-vous au lever de la lune, sans songer qu'il n'y avait pas de lune aujourd'hui!... 15 20

LE BON DIEU. — Satan!

SATANAS. — Seigneur Dieu?

LE BON DIEU. — Satan, vous avez des griffes aux doigts, mais vous mériteriez d'y avoir des membranes, car vous êtes bête comme une oie!... Qu'allez-vous faire? Vous improviserez une lune avec un transparent de papier huilé[78] et un quinquet derrière, comme on fait à l'Opéra! Car il vous faut une lune!... 25

SATANAS. — C'est une distraction un peu forte que j'ai eue là, Seigneur Dieu! C'est le propre des grands génies d'être distraits: Vous-même avez commis une bien étrange distraction lorsque, en créant la femme, vous avez cru faire la femelle de l'homme. Ma bévue n'est pas d'ailleurs fort considérable; la chère demoiselle, le ciel fût-il noir comme la voûte d'un four ou l'âme d'un procureur, elle y verra la lune, le soleil, toutes les planètes avec leurs satellites, 30 35

[76] **le tonnerre du ciel** even if thunder should
[77] **Comme alle parlait d'abondance!** How she went on!
[78] **un transparent de papier huilé** a shade made of oiled paper

car il n'y a pas d'éclipse pour l'étoile d'amour. Cependant je serais bien aise[79] que le soleil eût la complaisance de s'enfariner la physionomie pour ce soir seulement!

LE BON DIEU. — Diable![80] nous ne sommes pas en carnaval pour qu'on se 5 déguise ainsi! Je ne puis déranger mon soleil comme cela! Je ne l'ai fait qu'une fois en faveur de Josué. Mais je m'en vais, pour te montrer que je suis un ennemi généreux créer tout exprès un météore de la couleur et de la forme de la lune; car je veux voir la fin de cette comédie, et je ne veux pas faire manquer le dé- 10 nouement pour si peu! Tiens! voilà ton météore.

SATANAS. — Oh!... Je ne sais comment vous remercier de votre obligeance. Mais, si vous avez jamais de l'amour pour quelqu'un, je vous promets de ne pas le tenter...

Musique courte, puis:

15 L'AUTEUR. — Ici, Théophile Gautier. Je vous avouerai que voici déjà bien longtemps que je fais parler les autres, et que je serais fort aise de trouver jour[81] à placer convenablement mon petit mot. Ce rôle de récitant, pour utile qu'il soit, est un peu étriqué; j'étouffe littéralement dans la peau de ce mince personnage...

20 RENÉ CLAIR, *l'interrompant.* — Je regrette, mes chers auditeurs, d'interrompre cette émission, mais monsieur Gautier semble fort embarrassé!

L'AUTEUR. — Je suis, en effet, entré dans un cul-de-sac dont je ne puis sortir. Ce drame, quoique certainement un des plus beaux qui 25 aient jamais serpenté à travers les circonvolutions d'une cervelle humaine, renferme cependant un défaut essentiel...

RENÉ CLAIR. — ...C'est que l'action, si action il y a, est double sans être différente!

L'AUTEUR. — Je n'aurais dû mettre qu'une jeune fille au lieu de deux.

30 RENÉ CLAIR. — Vous vous seriez évité, monsieur Gautier, une foule d'apartés et un tas d'imbroglios plus inextricables les uns que les autres.[82]

L'AUTEUR. — Mais j'ai cru naïvement que, si une faisait bien, deux feraient deux fois bien!...

[79] **je serais bien aise** I would be pleased
[80] **Diable!** The devil!
[81] **trouver jour** find an opening
[82] **une foule d'apartés et un tas d'imbroglios plus inextricables les uns que les autres** a heap of asides and a mass of ever-increasingly entangled imbroglios

RENÉ CLAIR. — Vous espériez des effets très agréables à cause du contraste.

L'AUTEUR. — Je m'étais promis de faire un portrait circonstancié des deux créatures... On vient d'entendre une scène d'amour entre Satan et Blancheflor; pour continuer cette action bicéphale...

RENÉ CLAIR. — Il faut qu'il arrive maintenant une scène d'amour entre Alix et Satan. 5

L'AUTEUR. — Ces deux fils d'intrigue tordus ensemble sont comme des spirales qui montent en sens inverse dans le même diamètre et qui se rencontrent forcément à de certains endroits. Je n'y peux rien,[83] cela me prouve seulement que l'on doit préférer, pour soutenir son 10 édifice, la colonne droite à la colonne torse.

RENÉ CLAIR. — Maintenant, mes chers auditeurs, monsieur Gautier réclame votre indulgence pour la scène qui va suivre et si vous trouvez qu'elle a beaucoup de ressemblance avec l'autre, ne vous en prenez qu'à l'amour[84] et non pas à lui. 15

L'AUTEUR. — L'amour est extrêmement monotone de sa nature et ne sait conjuguer qu'un seul verbe, qui est le verbe "amo":[85] j'aime, ce qui n'est pas très récréatif pour ceux qui écoutent. Mais qu'y faire?... Nous verrons bien.

Voilà, Satanas est dans le jardin... 20

SATANAS. — Alix ne vient pas! Perdrai-je mon pari? Je n'ai plus que deux heures devant moi, et réellement c'est peu, tout diable que je suis. Il faut quelquefois des mois entiers à ces virginités-là. Est-ce que Blancheflor aurait eu déjà le temps de lui verser le philtre? Cela ne ferait pas mon compte.[86] Mais j'entends son pas, plus léger que 25 le pas d'un oiseau; je sens son odeur, plus douce que l'odeur des violettes.

Alix!... J'avais peur que vous ne vinssiez pas.

ALIX. — Je suis toute tremblante. Personne ne m'a vue?

SATANAS. — Personne. Il n'y a maintenant que les étoiles qui aient les 30 yeux ouverts.

ALIX. — C'est la première fois que je sors la nuit.[87] Qu'est-ce que vient de remuer derrière nous?

[83] **je n'y peux rien** I can't help it
[84] **ne vous en prenez qu'à l'amour** blame only love
[85] **amo** (*Latin*) I love
[86] **Cela ne ferait pas mon compte.** That would not serve my purpose.
[87] **je sors la nuit** I go out at night

SATANAS. — C'est le vent qui lutine quelques feuilles, ou un sylphe qui revient se coucher au cœur d'une rose.

ALIX. — Pardonnez mes folles terreurs. Je ne devrais craindre que de ne pas être aimée de toi.

5 SATANAS. — Si tu n'as que cela à craindre, tu peux être plus brave qu'Alexandre ou César.

ALIX. — Vous m'aimez donc?

SATANAS. — Si je t'aime!...

ALIX. — Vous le dites; je voudrais vous croire, et je ne le crois pas.

10 SATANAS. — Hélas! vous ne m'aimez donc pas, puisque vous ne croyez pas ce que je vous dis?

ALIX. — Je vous aime. Le croyez-vous?

SATANAS. — Aie foi en moi comme j'ai foi en toi.

ALIX. — Je ne le peux pas. Quelque chose me crie au fond du cœur que je 15 me perds, que tu n'es pas ce que tu parais être; que tes paroles mentent à tes pensées. Je vois bien briller dans tes yeux une flamme surnaturelle, mais ce n'est pas le feu divin, ce n'est pas le feu de l'amour. Ce n'était pas ce regard que j'avais mis dans les yeux du bien-aimé que je rêvais, et pourtant il me plaît bien mieux. 20 Je sens qu'en marchant vers toi je marche vers un précipice, et je ne puis m'arrêter, et je ne le voudrais pas. Mais qui es-tu donc, pour avoir une telle puissance?

SATANAS. — Quelqu'un de bien malheureux!

ALIX. — Qui es-tu donc pour te dire malheureux étant sûr d'être aimé?

25 SATANAS. — Je ne te dirai ni qui je suis ni quel est mon malheur; aucune langue humaine ne pourrait donner une idée de ce que je souffre; aucune oreille ne doit entendre mon nom. (*A part.*) Je commence vraiment à penser ce que je dis. O beauté! ton effet est aussi puissant sur les diables que sur les anges!...

30 Qu'il te suffise de savoir que jamais femme n'a été aimée par un homme comme tu l'es par moi!

ALIX. — Oh! Ta voix est bien la voix des paroles que tu dis; je te crois maintenant. Il y a dans ta personne quelque chose de fatal que je ne puis définir, qui m'effraye et me charme. On lit sur ton front 35 un malheur irréparable; tu es de ceux qui ne se consolent pas, et je donnerais ma vie pour te consoler. Je voudrais être un ange, car il me semble que ce n'est pas assez pour toi d'être simple fille des hommes!

L'AUTEUR. — Et du haut du Paradis, la Vierge Marie assiste à cette scène.

Musique.

MARIE, *au Paradis.* — Satanas s'attendrit visiblement. Il vient de poser sur le front de cette fille un baiser aussi chaste que s'il était sorti du collège depuis quinze jours. 5

CHŒUR DES ANGES. — Satanas s'attendrit!

LE BON DIEU. — Que va-t-il dire?

SATANAS. — O délicieux ressouvenir des voluptés du ciel!

L'AUTEUR. — Rien n'échappe à l'œil du bon Dieu.

LE BON DIEU. — Je vois d'ici se former dans le coin de l'œil de Satan, une perle qui vaut mieux que celle de Cléopâtre. Azraël, rendez grâce au hasard de ce que Satan soit d'humeur platonique aujourd'hui. Prenez la coupe de diamant et descendez vite recueillir cette précieuse larme; elle tremble au bord de ses cils et va bientôt se détacher... 10 15

L'AUTEUR. — Pendant qu'Alix est dans les bras de Satanas...

ALIX. — Je t'adore! Je suis à toi!

L'AUTEUR. — L'horloge de l'Eternité compte...

L'HORLOGE DE L'ÉTERNITÉ. — Un... deux... trois...

SATANAS. — C'est l'heure! 20

L'HORLOGE DE L'ÉTERNITÉ. — Quatre... cinq... six...

SATANAS. — C'est l'heure!... Voilà l'ange Azraël! J'ai perdu!

AZRAËL. — J'arrive à temps. La perle allait tomber.

ALIX. — Quoi donc? Quelle est cette apparition?

AZRAËL. — Je suis ton ange gardien, Alix! Celui-là est le diable! 25

Tonnerre. Alix s'évanouit.

L'HORLOGE DE L'ÉTERNITÉ. — Minuit!... Elle est sauvée!...

Musique.

L'AUTEUR. — Et Satan est en face du bon Dieu!

LE BON DIEU. — Satanas, vous avez été autrefois le plus beau de mes anges et celui que j'aimais le mieux; tout déchu que vous êtes, vous conservez encore quelques vestiges de ce que vous avez été, et vous n'êtes pas totalement méchant. Cette larme que j'ai fait recueillir dans une coupe de diamant sera pour vous un breuvage précieux dont l'intarrissable fraîcheur vous empêchera de sentir les flammes dévorantes de l'enfer. Elle vaudra mieux que le verre d'eau que 30 35

vous demandiez. Vous, Azraël et Mizaël, allez retirer du monde les deux âmes que vous aimez, et les épouser sur-le-champ; de peur qu'il n'arrive malheur... car Satanas est un séducteur très habile, et il ne sera peut-être pas toujours aussi bon diable que cette
5 fois-ci!

L'AUTEUR. — Allons,[88] Satan, un dernier mot...

SATANAS. — Oh! si je pouvais demander pardon de ma révolte! Oh! non, non, non, jamais!... Ah...

L'AUTEUR. — Il s'enfuit et la Vierge Marie reste seule avec le bon Dieu.

10 MARIE. — Pauvre Satanas! Il me fait pitié. Est-ce que vous ne le laisserez pas revenir dans le ciel?

LE BON DIEU. — L'arrêt est irrévocable, chère Marie. Je ne puis pas me parjurer comme un roi de la terre.

MARIE. — Il a tant souffert. Laissez-vous fléchir. Vous qui êtes si bon,
15 comment pouvez-vous supporter cette idée qu'il y ait quelqu'un d'éternellement malheureux par votre volonté?

LE BON DIEU. — Dans quelque cent mille ans d'ici, nous verrons!...

[88] **allons** come

Fin

CLAUDE AVELINE

Claude Aveline was born of Russian parents in Paris in 1901. Even as a young man, he wanted to consecrate himself to writing, feeling that art justifies life. This decision was endorsed by his meeting with Anatole France at the age of eighteen; a friendship ensued that ended only with the death of Anatole France. Aveline has never ceased to call himself France's disciple, and the two men share a concern for acute observation and clarity of diction.

One might think that Claude Aveline's preoccupation with the exact word would prevent him from being very productive. Actually he is both a prolific and a versatile writer. Among his works are novels, essays, stories, literary criticism, plays, travel journals, aphorisms, and detective stories. At home in the various genres, he never sacrifices his main objective

— forging experience into art. He feels that "natural" language as it is spoken, and events told as they occur, are not literature. This perspective places him in the tradition of the nineteenth century French realistic novelists like Balzac and Stendhal.

Among the great variety of themes in his works, love is the most frequently treated. With interest and compassion, he describes all shades of this feeling which Balzac has wittily termed *"égoïsme à deux."* For Aveline, love transcends man's ego. The lovers' relationship to love is like the mystic's with the Godhead — they draw a happiness from it that resembles grace. Lovers are no longer conscious of time. To them, as to the mystic, a few minutes approximate eternity. Philippe in *La Vie de Philippe Denis* finds that twelve years have passed like an instant. Separation and death do not end the power of love, which transcends the normal physical world.

Aveline is fascinated by the bizarre, the horrible, and the alienation of guilty and diseased minds, as well as by the mystery of love. His works range from poetic fantasy to detective stories, in which the distinction between reality and dream no longer matters. His characters exist in a world of their own and are consumed — or redeemed — by one strong feeling. In *La Villa Remiro,* Paul, having discovered the house of his dreams in Italy, wants to live there. Since he has to stay in France, he can visit it only in his dreams. However, one day he meets a man who calls himself the owner of the villa, and who wants to thank Paul for his visits. Paul is shocked and begins to doubt his sanity. Finally, he commits suicide.

Everyday reality and the mysterious are also closely interwoven in *C'est vrai, mais il ne faut pas le croire,* a radio drama that received the Prix Italia in 1955, and was broadcast over fifty stations in thirty countries. Aveline told me in an interview that "the foreigner is surrounded by mystery." The little bald man in the play is a foreigner, whose name has a strange ring. He is pervaded by the grace of a love that belongs to another world, and has the ability to make the narrator share his "reality." After this experience, the two men share knowledge of the "other" world; they become as it were accomplices, and the foreigner winks at the other knowingly when they meet again. In this play the words are clear, but the delineation between dream and reality becomes unclear. Working with words and silences like a composer, the author has created a work of strange beauty.

Although the mysterious plays a major part in Aveline's work, this versatile author is frequently preoccupied with the realities of sociological and psychological problems. He often deals with such concepts as justice, liberty, and hatred, attacking what he calls "false ideas." In his brilliant literary criticism he has treated widely differing authors, including Anatole France, André Gide, and Jean Racine. Aveline's work as a whole is characterized by his acute and scintillating intelligence.

Although a prolific writer, Aveline has extended his interests to areas outside the literary world. In 1940, he founded one of the first groups of the Resistance movement, and participated very actively in it until the end of the war. Aveline has played a vital part in Parisian cultural life, giving generously of his time when approached for help. Among his major interests are films, jazz, and classical music.

Of the 95 titles of his works listed by Florentin Mouret, the following are of particular importance: *La Vie de Philippe Denis,* 3 volumes [*Madame Maillart* and *La Fin de Madame Maillart* (1930), *Les Amours et les haines* (1952), *Philippe* (1955)], *L'Homme de Phalère* (1923), *Le Point du jour* (1928), *Nocturne* (1931), *La Double mort de Frédéric Belot* (1932), *Baba Diène et Morceau-de-Sucre* (1936), *Le Prisonnier* (1936), *Et tout le reste n'est rien* (1947), *Pour l'amour de la nuit* (1956).

C'EST VRAI, MAIS IL NE FAUT PAS LE CROIRE

personnages

MOI
L'ANTIQUAIRE
LA VOIX (elle a *un seul* mot à dire, mais il faut que ce soit la voix de femme la plus pure, la plus musicale qu'on
5 puisse trouver)

Note préliminaire

Dans le récit d'une aventure personnelle, il est relativement facile de rendre les impressions et les sentiments que nous avons éprouvés à la vivre: il suffit de trouver le ton. En revanche, les faits qui les ont provoqués, tout ce qui est venu de l'extérieur pour frapper l'un
10 *quelconque de nos sens, nous ne pouvons que le réduire à une*

description (et combien de fois la chose apparaît-elle indescriptible) alors que c'est cela *qui demeure en nous l'essentiel.*

Quand le sens le plus touché a été l'ouïe, la Radio seule peut reproduire ce rapport, ce "dialogue", entre le passé — *l'expression du souvenir — et le* présent (*permanent pour le narrateur*) *du souvenir lui-même.* 5

A ce problème de deux temps juxtaposés s'ajoute celui des temps comme rythme, du rapport entre les voix (*ou les bruits,* extrêmement rares) *et les silences.*

En somme, puisque cette histoire était faite pour l'oreille, on l'a traitée comme une partition. 10

MOI, *naturel.* — Je ne surprendrai pas grand monde[1] à notre époque en disant que l'humanité ne m'intéresse guère. En rentrant de mon bureau le soir — à pied, par hygiène[2] — j'ai toujours tourné les yeux vers les vitrines, estimant déjà excessif d'y voir le reflet de mon prochain. De moi, mon Dieu, je m'accommode. (*Il se reprend*) Je m'accommo*dais!* Oui, je m'en suis accommodé fort bien pendant quarante ans. (*Contenu*) Jusque voilà cinq jours, ni plus ni moins. 15

Donc, j'ai l'habitude de rentrer le long d'une avenue — mieux vaut ne pas la situer davantage. Les trottoirs en sont larges, on y pourrait flâner. Et à vrai dire, j'y flânais presque. Sans toutefois m'arrêter jamais, car à force de surimprimer jour après jour chaque vitrine sur elle-même, je les connais toutes par cœur. Sauf deux boutiques de modes, il me faut signaler que les marchands de cette avenue n'ont aucun souci de leurs étalages. Non qu'ils soient pauvres ou médiocres, le quartier ne le supporterait pas. Ils sont *statiques.* Qu'il s'agisse d'un commerce de vins fins ou de cannes et parapluies, d'un coiffeur pour dames ou d'un grand chapelier pour messieurs, d'un parfumeur, d'un libraire, d'un fleuriste — et de deux, non, trois, oui, trois antiquaires... (*Un arrêt brusque de respiration*) ...ils sont per-pé-tuel-lement pareils. Tous les objets changent sans doute, selon les ventes ou les saisons, mais les nouveaux occupent la *même* place, ils sont de *même* nature, de *même* "encombrement". Et encore, changent-ils? 20 25 30 35

[1] **grand monde** many people
[2] **par hygiène** for reasons of health

Arrêt.

Chez cet antiquaire dont je *dois* vous parler... (*Il s'interrompt et reprend très vite*) Remarquez que ce n'est pas un reproche, au contraire! Je me rappelle le très vif déplaisir que j'ai pu éprouver
5 quand, après deux mois de palissades, le marchand d'appareils photographiques a fait surgir une terrible devanture de glaces, de miroirs et de chromes! Avec ces doubles portes en vitres jusqu'au sol, si stupidement appréciées aujourd'hui où l'on ne sait plus ce que c'est que de recevoir, même un client. Depuis, je regarde —
10 je regardais le trottoir quand je passais devant. J'aimais trop la suite immuable de mes décors. Je suppose que les hommes qui ont une famille ressentent quelque chose d'équivalent lorsqu'en rentrant chez eux le soir ils constatent que leur épouse et leurs enfants n'ont pas changé depuis le matin! Les mêmes yeux, le
15 même nez, la même taille...

Un temps et une petite toux pour s'éclaircir la voix.

(*Puis, comme pour se convaincre*) Chez cet antiquaire, les objets, *réellement,* ne changeaient pas. Depuis des années. Dans les deux vastes vitrines, des deux côtés de la porte. Sur un velours
20 grenat, un peu plissé par endroits — volontairement ou non, je ne saurais le dire. De grandes figures de bois sombre, de la Renaissance: deux Vierges, l'une la tête penchée sur l'épaule, l'autre non; un Saint-Sébastien, avec des trous dans la poitrine, où devaient se trouver piquées des flèches autrefois; j'ai été très long
25 à me rendre compte[3] que ses bras étaient cassés, j'avais cru qu'ils étaient liés dans le dos — d'ailleurs ils étaient sûrement liés dans le dos quand il les avait. (*Au fur et à mesure qu'il revoit les objets*) Des bahuts, deux bahuts, longs, assez bien travaillés.[4] Des coffrets de fer, plutôt petits. (*D'un trait*)[5] Deux hauts
30 chandeliers faits d'une tige à quoi s'accrochaient, superposés, trois cercles inégaux hérissés de pointes pour y planter les chandelles: on aurait dit des instruments de torture. Et puis, quelques vieux boulets de canon, en pierre.

[3] **j'avais été très long à me rendre compte** it took me a long time to realize
[4] **bien travaillé** good workmanship
[5] **d'un trait** without stopping

Un silence, à peine.[6]

Dans le magasin, très grand et très profond, j'apercevais des meubles imposants et des tables couvertes d'objets, tous de cette même époque, que je connais mal parce que je ne l'aime pas: elle est trop triste. Il n'empêche que, de toute l'avenue, c'était ma boutique la plus familière, la plus — comment dire — *rassurante!* D'autant que je n'y voyais jamais personne... (*En se moquant de lui-même*) Il y a des impressions, après coup...[7] (*Il reprend avec vivacité*) Un jour... (*Il cherche*) je ne pourrais pas préciser exactement quand, et peu importe[8] — je *l'*ai aperçu pour la première fois. Dans l'espace étroit qui séparait les deux Vierges. La tête et les épaules. Il devait être assis. Et il regardait vers l'extérieur, fixement. De ce regard qui ne voit pas. Mais j'ai surtout remarqué son crâne... (*Comme entre parenthèses*) — j'ai découvert par la suite qu'il avait une petite figure insignifiante, à part ses yeux trop bleus et fixes — un crâne *absolument* chauve, et brillant. (*Logique*) Bon. Je n'y ai pas attaché d'importance. Dans un quartier comme le mien, où les magasins dits de "curiosités[9]" sont plus nombreux que n'importe quel autre commerce, débits de boissons compris, et attirent si peu de curieux, des antiquaires immobiles, rêvant à n'importe quoi[10] lorsqu'ils ne lisent pas un journal ou un livre, cela fait également partie du décor! (*Sans aucune interruption*) Le lendemain, il était toujours là. Je dis: *toujours* là, parce qu'il semblait n'avoir pas pu bouger depuis vingt-quatre heures, tant son attitude était pareille, dans cet espace étroit, entre les Vierges. Et le lendemain. (*Ils s'échauffe*) Et le surlendemain! Et le jour suivant! (*Il se reprend*) Mais il n'y a aucune raison que je me trouble en racontant cela — je veux dire: ce début. Il ne bougeait pas, voilà tout. C'est alors que j'ai remarqué le bleu pâle de ses yeux, sa bouche serrée, comme lorsqu'on crispe les mâchoires. (*Plus léger*)[11] En pensant à lui, avant d'atteindre la boutique, je l'appelais: le mannequin. Je me disais: "Nous allons voir si mon mannequin est toujours là." Il

[6] **à peine** very quietly; with hardly a pause
[7] **après coup** when it's too late
[8] **peu importe** it hardly matters
[9] **magasin de curiosités** antique shop
[10] **à n'importe quoi** about nothing in particular
[11] **plus léger** in a lighter tone

était toujours là. De ce côté de la vitre, il y avait le mouvement de l'avenue, les voitures, les autobus, les passants, moi! Et de l'autre, derrière ces statues, dans le silence *évident* de la boutique, aussi définitivement *figé* que les meubles, les objets, ce petit homme au 5 crâne brillant. Car il devait être petit, menu. (*Soudain*) Son âge? Oh pas d'âge. Trente ans ou cinquante; vraiment, je ne me suis jamais posé la question. Je ne m'en posais aucune, d'ailleurs. Les gens m'intéressent trop peu pour que je m'interroge à leur propos.[12] Ils sont ce qu'ils sont, ils font ce qu'ils veulent. Et s'il lui 10 plaisait, à lui, de faire l'empaillé? Parfois, dans la journée, assailli par le téléphone, les secrétaires, les problèmes à résoudre, les papiers à signer, les supérieurs, les inférieurs, les importuns, je pensais à lui tout à coup. Je voyais les deux Vierges, le regard fixe, le crâne, et je me disais: "Il ne connaît pas son bonheur, ce 15 bonhomme-là."

Un temps très bref.

Oui, je me disais cela. Et bien d'autres choses, de même goût.[13] (*Vif*) J'avais regardé en passant si un nom figurait sur la porte, car au-dessus de la boutique on pouvait lire seulement: "Anti- 20 quités", en blanc sur fond noir.[14] Rien. Je l'ai trouvé dans l'annuaire. Parmi tous les noms de l'immeuble, le sien s'accompagnait de son titre. Un nom de consonance étrangère — que je tairai, naturellement... Je me disais: "Mais enfin, si quelqu'un entrait dans la boutique, à supposer qu'il ne se lève pas, qu'il ne parle pas 25 le premier, il tournerait au moins la tête? Il tendrait le cou?"[15] Un soir, il s'en est fallu de peu que je...[16] (*Avec une colère contenue*) J'aurais mille fois mieux fait! En plein jour, en pleine lumière! (*Se décidant à parler*) Au lieu de cela... (*Il revient sur lui-même*)[17] Vraiment, je ne peux pas comprendre. Je suis un 30 homme équilibré, bien portant! Sans craindre de me distraire, je ne me suis jamais livré à aucune fantaisie ridicule, même enfant![18] Je n'ai jamais appuyé sur un bouton de sonnette quand je n'avais

[12] **à leur propos** about them
[13] **de même goût** of the same type
[14] **sur fond noir** on a black background
[15] **Il tendrait le cou?** Would he crane his neck?
[16] **il s'en est fallu de peu** I almost
[17] **Il revient sur lui-même.** He stops.
[18] **même enfant** even as a child

pas l'intention d'entrer chez quelqu'un! J'occupe une situation qui ne prédispose ni à l'aventure ni à la farce! (*Comme un aveu*) Mais je cherche encore à déplacer la question. Il ne s'agissait pas d'une farce. Il *faut* que je le reconnaisse, *je n'ai pas pu faire autrement.* Cela n'a duré que quelques secondes, mais dans cet instant-là je n'ai pas pu résister à... (*Dans un soupir*) A je ne sais quoi. (*Il constate*) Une force. (*Il s'impatiente*) Une force étrangère et intérieure à la fois, une possession, un démon! Oui, c'est inconcevable, car je ne crois pas aux démons et je veux continuer à ne pas y croire! (*Se décidant de nouveau, et le plus simplement possible*) Voici. Cela, je peux le dater avec précision: c'était il y a *cinq* jours. Au lieu de rentrer comme d'habitude, car, même lorsque je dîne en ville, j'aime toujours repasser chez moi pour me changer, mon bureau m'avait retenu trop tard et j'étais allé directement chez de vieux amis, qui recevaient pour l'anniversaire de leur mariage. L'un de ces repas bien conçus, accompagnés de grands vins et suivis d'excellents alcools qui justifient de telles réunions. Un des premiers à me retirer, je suis parti vers une heure du matin. (*Net*) Il faisait beau et je me sentais bien. Pour m'assurer un sommeil plus léger, et fumer quelques dernières cigarettes en plein air, j'ai résolu de rentrer à pied. Il me fallait une demi-heure. J'ai donc eu *tout le temps* de retrouver mes esprits — à supposer que cela pût m'être nécessaire, et ce ne l'était pas, je l'affirme, pas plus qu'après aucun autre dîner de ma vie! Je n'ai jamais été ivre.

Bref silence.

J'aurais pu rentrer sans passer par l'avenue. Et même elle représentait un léger détour — oh *très* léger, une centaine de pas. Mais, voir la boutique au plein milieu de la nuit m'a paru — amusant. Une vieille installation[19] comme celle-là comportait sûrement un rideau de fer. Donc, il lui fallait quitter sa place pour le faire descendre. Et pour aller se coucher, comme tout le monde, car je ne doutais pas qu'il n'habitât la maison. Il devait disposer d'un appartement derrière la boutique, sur une cour.[20] (*Cordial*) J'allais passer le long d'un rideau de fer, et cela me reposerait beaucoup d'imaginer mon mannequin en train de dormir quelque

[19] **installation** establishment
[20] **(donnant) sur une cour** (facing) a court yard

part, les yeux enfin fermés, la bouche détendue, peut être ouverte — *ronflant!* Il n'y avait plus de bruit dans l'avenue, il devait y en avoir dans sa chambre! Bref, aucune pensée morbide, au contraire! (*Agacé*) J'insiste, il faut bien que j'insiste. Sinon... (*Une reprise de respiration*) Le rideau de fer n'était pas baissé. Les candélabres de l'avenue, assez éloignés, éclairaient vaguement dans la première vitrine le corps tiré du Saint-Sébastien — mais rien au-delà. Donc, lorsque j'aurais atteint l'*autre* vitrine, où se trouvaient les Vierges, je ne pourrais pas vérifier si mon bonhomme, par extraordinaire, demeurait à sa place entre elles, toute la nuit! J'allais l'atteindre... (*Sa voix se serre, il détache les mots*) quand mon regard a distingué le bec-de-cane.

Un temps.

Sur la porte. A une heure et demie du matin, il était sur la porte. (*En s'efforçant d'être naturel*) Nous savons que beaucoup de commerçants ne masquent pas leurs vitrines la nuit, certains même y laissent des lumières. Mais le bec-de-cane! Ils l'enlèvent, voyons, c'est la moindre des précautions! (*Soudain pressant*) Chose curieuse, moi qui admettais quelques instants plus tôt la possibilité d'une présence, et qui aurais pu me dire: "Mais s'il est là, c'est tout naturel qu'il ne s'occupe pas de son bec-de-cane!" je n'y ai plus pensé *du tout* et je me suis dit: "Il a dû mettre ce petit machin, cette petite cheville qu'on voit toujours pendre au bout d'une chaînette et qui permet de bloquer le mouvement." Et alors... *Et alors?...* (*Lentement*) J'ai voulu vé-ri-fier. (*Un souffle, du même ordre qu'un haussement d'épaules*) Explique qui pourra cette réaction, dont je demeure hanté, malgré tout ce qui est arrivé par la suite... (*En ricanant*) ou *à cause* de ce qui est arrivé par la suite! Car enfin, c'est bien moi qui ai fait le geste? Mon pas qui s'est arrêté, mon corps qui s'est penché en avant, ma main, mes doigts, l'envie de saisir ce bec-de-cane, c'est moi? Mais, je *jure* que j'étais ab-so-lu-ment *convaincu* de le trouver bloqué.

Un temps.

(*Très lentement*) Je l'ai senti qui s'abaissait dans ma main, lentement, complètement, jusqu'au bout de sa course. Et la porte — s'est ouverte. (*La voix s'élève*) Et elle m'a *attiré* — il n'y a pas d'autre mot — elle m'a attiré vers l'intérieur. Du bec-de-cane à ma main il s'était fait une adhérence, une — une... (*Avec évidence*) Enfin, quand je l'ai lâché, j'étais *dans* la boutique, à trois pas au moins du seuil, la porte grande ouverte à ma droite, en pleine obscurité, sans avoir d'ailleurs provoqué le moindre bruit. Je me suis retourné brusquement vers l'avenue. (*Vite*) 5 Trois pas, oui! il n'y avait que trois pas que j'allais franchir en une seconde, et j'espérais bien qu'aucun agent, aucun de ces veilleurs qui vont d'un immeuble à l'autre vérifier les serrures n'allait me cueillir au passage, me traîner au poste en m'accusant d'être un voleur, et je ne l'aurais pas volé![21] 10

Bref silence.

(*Puis, très contenu*) Quand, tout à coup, sur ma gauche, une voix a dit:

L'ANTIQUAIRE. — *C'est toi, Anna?*

MOI, (*bas*). — Et à la lumière diffuse de l'avenue, j'ai vu le crâne... Je me 15 suis senti tellement stupide que tout ce que j'ai trouvé à répondre, c'est: (*A peine perceptible*) Non. (*Très vite*) Alors, le petit homme s'est tourné vivement vers moi. Je n'avais pas besoin de distinguer son regard, je le devinais, je l'imaginais, c'était facile! Je commençais à bafouiller des excuses. Mais il s'était levé, 20 il s'était précipité — tout petit, en effet, tout petit — il m'avait pris la main.

L'ANTIQUAIRE, *avec une extrême chaleur.* — Mais non, Monsieur, mais non, je vous en prie, c'est à moi de vous demander pardon! Quand vous me donnez cette marque, ce bonheur! Quand le ciel vous 25 envoie!

MOI. — Je me suis dit: "C'est un fou." Par une chance extraordinaire, mon geste de fou s'était produit chez un fou. Extraordinaire et prévisible. Il me tirait par la main vers le coin d'où il était venu. J'ai heurté un siège. 30

L'ANTIQUAIRE. — Oh, excusez-moi, vous vous êtes fait mal,[22] naturellement, il fait trop sombre, vous ne connaissez pas la maison! (*Pressant*) N'est-ce pas, vous ne connaissez pas la maison?

MOI. — "Non, ai-je dit, je ne connais pas la maison. C'est la première fois..." J'étais heureux qu'il ne pût me voir rougir. 35

[21] **je ne l'aurais pas volé** I would have deserved it
[22] **vous vous êtes fait mal** you hurt yourself

L'ANTIQUAIRE, *exalté.* — Vraiment? C'est formidable, Monsieur, oh, c'est formidable! Asseyez-vous donc, je vous prie. Oui... là... vous y êtes. Personne ne devait s'asseoir à cette place que vous, naturellement! Moi, je vais me remettre sur cette chaise, bien que je n'aie plus besoin de guetter... Mais nous pouvons bien parler *d'abord* quelques minutes, n'est-ce pas?

MOI, *toujours bas.* — J'ai oublié de dire qu'il avait fermé la porte avant de m'entraîner. J'ai soudain éprouvé une sorte d'étouffement. Peut-être à cause d'une trop forte odeur d'encaustique, de tous les meubles dont je commençais d'apercevoir les ombres. Près de nous, les dos des Vierges formaient deux minces blocs noirs sur la clarté de l'avenue. Je distinguais maintenant le visage et les yeux du mannequin — qui ne l'était plus du tout! Il se penchait pour m'examiner avec un mélange incompréhensible de foi et d'inquiétude, il se rejetait en arrière, il hochait la tête (*insistant*) *et il parlait.* J'entendrai toujours sa voix extraordinaire, son accent...

L'ANTIQUAIRE. — Si vous n'êtes jamais venu, Monsieur, vous n'avez pas pu la connaître, naturellement! D'ailleurs je pensais bien que c'était une condition essentielle! Vous deviez apparaître sans rien savoir, comme le secours de Dieu!

MOI. — Que pouvais-je répondre? Mais il ne demandait pas de réponse. Il n'avait besoin que de ses propres explications.

L'ANTIQUAIRE, *avec un sanglot.* — Péché d'orgueil, abominable péché d'orgueil! Vouloir enfreindre les lois du monde! Je me suis cru trop fort, j'ai refusé de subir le sort commun. Comme si nous pouvions... lui échapper, n'est-ce pas, Monsieur! Comme si nous le pouvions... (*Humblement*) Je l'aimais trop. Je l'aimais trop pour me séparer d'elle. Je m'imaginais qu'en la gardant il n'y aurait de changé que très peu de chose — tellement moins que lorsqu'on ne s'entend plus, par exemple! Nous nous entendions à merveille. (*S'exaltant*) Je ne suis qu'un petit homme chauve qui n'a pour lui que son goût. Et c'était *justement* ce qui lui plaisait! La Renaissance... Vous ne me croirez peut-être pas si je vous dis que les femmes se méfient de la Renaissance, elles n'y trouvent pas un cadre qui les mette en valeur. Et c'est vrai, il faut une beauté pure! Sa beauté... Alors, j'ai pensé aussi que je n'avais pas le droit de l'en priver. Une raison parmi des milliers d'autres. Oh, oui, nous nous entendions si bien! (*Désespéré*) Et pourtant, après avoir tout fait pour que nous restions ensemble, je ne l'entends plus. (*D'une voix imperceptible*) Je ne l'entends plus. (*Un peu plus fort*) Vous voyez, quand vous êtes entré, je n'avais pas remarqué *où* la porte s'était ouverte, j'ai dit: *"C'est toi, Anna?"* Chaque fois qu'il y a le moindre bruit, je pose la même question. Elle refuse de me répondre. Et j'ai compris. J'ai compris depuis plusieurs jours! *Elle ne doit plus rester ici...*

MOI. — Ce petit homme séquestrait une femme dans cette maison. Voilà, oui, voilà ce qui m'est venu à l'esprit en essayant de me reconnaître au milieu de ses incohérences. (*Anxieux*) Mais les phrases suivantes...

L'ANTIQUAIRE, *avec toujours autant de passion.* — Comprenez-moi, Monsieur! Comment aurais-je pu vouloir la *supprimer?* Elle, mon cœur et ma vie! Quand elle me souriait encore la veille et qu'elle me disait, comme je ne parvenais pas à dominer mes larmes: (*Très doucement*) "Tu sais bien que je ne te quitterai pas!" Elle ne m'avait *jamais* manqué de parole,[23] Monsieur! Et parce qu'elle était morte, je l'aurais fait mentir pour la première fois de sa vie? "Je ne te quitterai pas." "Je ne te quitterai jamais." "Je serai toujours près de toi." "Toujours." Alors, je l'ai gardée près de moi.

MOI. — J'ai pris les bras de mon fauteuil pour m'interdire tout mouvement. Il s'est penché à mon oreille.

L'ANTIQUAIRE. — Je l'ai gardée près de moi. Et je vous assure que cela paraissait la chose la plus simple du monde! On aurait même dit que nous avions toujours vécu pour que cela se passe de cette manière. Et j'aurais disparu le premier qu'elle aurait pu agir *exactement* de la même façon. Alors que nous ne nous connaissions pas encore, nous étions venus chacun de notre côté d'un pays lointain, où nous aurions voulu demeurer parce qu'il était le pays de nos parents, de notre enfance, mais où le bonheur nous était interdit. Nous avons été l'un à l'autre ce pays, ce bonheur, nous n'avions besoin de personne, nous n'avons jamais cherché à nous faire des amis ou des relations, elle ne voulait même pas quelqu'un pour l'aider dans la maison. Avec cette sortie du magasin, Mme la concierge nous ignore. Qui aurait pu deviner...? Et comprenez-vous à quel point tout pouvait me faire croire...?

[23] **elle ne m'avait jamais manqué de parole** she never broke her word

MOI, *la voix serrée.* — Il me regardait si ardemment que je devais répondre. Quoi? Rien. Un mouvement d'épaules, qui reconnaissait la puissance du destin. Mais en même temps, je ne *pouvais* admettre la *réalité* de cette histoire. Il gardait ici une femme — *morte?* Je savais que tout est possible à Paris, les journaux sont pleins de faits divers invraisemblables. Mais s'y trouver plongé soi-même comme je l'étais rendait celui-ci encore plus surprenant. Je me préoccupais avant tout de moi, je le confesse. (*Vif*) Une question m'obsédait, que j'aurais voulu retenir — car je sentais aussi que la moindre intervention de ma part risquait de m'entraîner je ne savais où!... Je lui ai demandé depuis *quand* sa femme était morte...

L'ANTIQUAIRE, *lentement.* — Depuis longtemps peut-être, Monsieur, je ne sais pas. Je n'ai pas compté les jours. Je suis entré avec elle dans un monde où le temps n'existe plus. (*Pressant*) C'est-à-dire que je voulais la garder dans le nôtre, n'est-ce pas, je pense que vous m'avez bien compris? (*Lentement de nouveau*) Je voulais faire durer ce qui avait été. Vivre avec la morte comme j'avais vécu avec la vivante. Non, ne me croyez pas fou! (*Avec évidence*) Je n'ai pas essayé de la *nourrir,* par exemple! ou de lui dire bonjour, ou bonsoir. (*Grave*) Ou même de la prendre dans mes bras. (*Doucement*) Mais je pensais que nous pourrions en demeurant ensemble être comme un couple qui s'aime quand il est séparé. Il y aurait eu entre nous une "distance" — quelques centimètres ou tout un océan, qu'importe! — une distance *matérielle,* mais l'amour la compense parce qu'il semble qu'on n'est jamais plus proche, plus attentif, plus compréhensible à l'autre, plus heureux... Et, un jour, on se rejoint. Celui où je serai mort à mon tour. C'était simple pourtant... Elle ne veut pas. (*En confidence*) Ou elle ne peut pas... (*Il reprend*) Au début, j'ai trouvé cela naturel. Elle devait s'habituer à son nouvel état: cette immobilité, ces yeux clos... "Chère Anna, lui disais-je, chère, chère Anna, ne t'impatiente pas, mon amour. Nous devons apprendre un nouveau langage, mais nous le saurons vite! "Il faut simplement *le vouloir.*" Alors, il s'est passé un certain nombre de jours et de nuits, où je me suis tenu près d'elle en lui parlant. Puis j'ai pensé que pour ce grand travail qu'elle avait à faire, elle avait besoin d'être seule, et je suis venu m'installer ici, à l'attendre. Oh, j'allais la voir souvent! Mais je restais surtout sur cette chaise, en demandant, chaque fois, qu'il me semblait... *"C'est toi, Anna?"* Et puis, tout à coup, mais vraiment tout à coup, j'ai senti un soir que non, elle ne *voulait* pas me répondre. Qu'elle réclamait autre chose, comme n'importe quel mort.

MOI. — Il s'est tu. 5

Silence.

Le silence m'a été insupportable. J'avais peur de ce qu'il allait me dire, et surtout de ses intentions, d'autant plus que j'étais incapable de les deviner. Une seconde fois, je l'ai interrogé. "Quoi donc?"

L'ANTIQUAIRE. — Une *vraie* sépulture. 10

Un silence très bref.

MOI, *d'une voix anxieuse* — Je m'étais accoutumé à cette vague lueur qui nous venait de l'avenue. J'ai vu son regard se fixer de nouveau sur moi, avec une intensité réellement anormale.

L'ANTIQUAIRE. — Du moment où j'ai compris qu'elle ne pensait qu'à *cela,* 15 j'ai été pris d'un terrible chagrin, et la vie m'est devenue intolérable. D'abord parce qu'il n'y a rien de plus douloureux que de se résigner quand on a rêvé un miracle. Et puis... (*En détachant les syllabes*) parce que je ne pouvais pas lui donner ce qu'elle me réclamait. (*Insouciant*) Oh, la sépulture est prête, tout est 20 prêt! (*Désespéré*) Mais je suis redevenu un trop petit homme, Monsieur. C'est la force qui me manque. La force matérielle, la force physique. (*Découvrant une vérité*) Ou le courage. Dans un cas pareil, il ne peut y avoir de force sans courage.

Un silence. 25

Je me suis mis à attendre le secours que le Ciel *devait* m'envoyer. (*Impérieusement*) Vous! (*Très humble et pressant*) Vous, Monsieur, vous. Que je n'ai jamais vu, qui ne l'avez pas connue, qui ne saviez rien. Après cette attente sans fin, vous êtes entré. Et quand j'ai demandé pour la dernière fois, machinalement: 30 "C'est toi, Anna?" vous avez répondu: "Non." (*Soudain*) Venez!

MOI, *très vite.* — Il m'avait repris le poignet, il s'était levé, il m'obligeait à suivre son mouvement. Des images horribles se présentaient devant mes yeux. Je ne *voulais pas.* Mais que pouvais-je faire? Je le 35 devinais capable de n'importe quoi si j'avais résisté. Je gardais aussi de mon intrusion une honte qui me paralysait. Je me répétais: "Tu l'as voulu, imbécile. Tu l'as voulu. Et que va-t-il t'arriver, maintenant?"

L'ANTIQUAIRE, *d'une voix bouleversée.* — Venez, Monsieur. *Elle est tout* 5 *près.*

MOI. — Il m'attirait vers le fond de la boutique. Nous sommes passés entre des meubles qui nous ont plongés dans une nuit absolue. Mon cœur, que je n'avais jamais soupçonné jusqu'alors, s'est mis à battre dans ma gorge. Nous avons encore fait quelques pas. Je 10 croyais qu'il allait ouvrir une porte, m'introduire dans son appartement — dans une chambre... Mais il s'est arrêté soudain. Il m'a lâché le poignet. Il a dit — et il n'y avait que sa voix dans la nuit:

L'ANTIQUAIRE, *tremblant.* — Nous y sommes, Monsieur. Je vais faire de la lumière.

15 MOI. — J'ai entendu le bruit d'une boîte d'allumettes. "Quoi, ai-je dit — et je tremblais, j'avoue que je tremblais, et ma voix m'a paru d'une fausse note épouvantable — vous n'avez pas l'électricité ici?" Et il m'a répondu d'un ton que rien ne pourrait rendre...

L'ANTIQUAIRE, *très lentement, comme un reproche amical.* — Oh, Mon- 20 sieur, pour voir une morte...

MOI. — L'allumette avait craqué. Le regard que j'ai jeté aussitôt autour de nous ne m'a révélé que du bois sombre, d'autres meubles sans doute. Il a approché la flamme minuscule d'une chandelle jaune étrangement contournée et fixée sur un bougeoir ancien.[24] Elle a 25 pris, avec un grésillement. Sa main tremblait. (*Lentement*) Mais quand il a levé le bougeoir, elle ne tremblait plus. (*Vite*) Il regardait derrière moi. (*Très vite*) Je me suis retourné. (*Plus lent*) Une haute horloge. (*Terrifié*) Je me suis dit: "Non, quand même, ce n'est pas possible!"

30 L'ANTIQUAIRE, *avec amour.* — Elle est là. Vous allez la voir, comme vivante, ses cheveux dénoués... (*Respectueux*) Vous allez la voir, Monsieur...

MOI, *bouleversé.* — Il a avancé lentement la main libre vers le bouton qui allait lui permettre d'ouvrir ce... (*Bas*) J'étais épouvanté. Il l'a 35 saisi. (*Très lent*) Et avec un gémissement — léger...

[24] **étrangement contournée et fixée sur un bougeoir ancien** with an odd shape, placed in an antique candlestick

Bref silence. Le gémissement très léger de la porte qui s'ouvre. Nouveau silence.

MOI, *très simplement.* — Il n'y avait *rien.* (*Pour bien se faire comprendre*) Même pas de balancier ni de poids! *RIEN.* Mais je ne pouvais ni bouger ni parler: la voix du petit homme s'élevait de nouveau près de moi... 5

L'ANTIQUAIRE, *avec une extase douloureuse.* — Vous n'imaginiez pas une beauté pareille, n'est-ce pas, Monsieur? Cette petite bouche... Cette ligne des joues, ce menton. Et ce cou — et ces oreilles minuscules!... Je lui ai mis ses boucles préférées, celles qu'elle 10 tenait de sa grand-mère maternelle: ce sont des rubis, Monsieur, oui, sertis d'argent comme on ne sait le travailler que là-bas. Et cette longue robe, c'est une robe de mariée de notre pays; on les tisse toujours de fils d'or et de soie. (*Plus extasié encore*) Et ces cheveux, Monsieur... De l'or aussi, un torrent d'or — et si elle 15 n'avait les yeux fermés, vous verriez cette chose extraordinaire, de ses admirables yeux noirs avec cette couleur de cheveux. Jamais je ne lui aurais permis de couper une chevelure pareille. Elle me disait quelquefois: (*Gentiment*) "Tu sais, c'est une beauté incommode." Et je lui répondais — n'est-ce pas, Anna, je te 20 répondais: "Tes *cheveux* sont incommodes, peut-être, mais pas leur beauté! La beauté est sublime. Tu es sublime." (*Un peu plus bas et plus vite*) Nous pouvons parler devant elle. Elle sait tout. Elle sait que j'ai abdiqué, que je ne faisais plus que vous attendre... (*Bref silence et plus lent*) Qu'elle va avoir la paix... 25 (*La voix se brise*) Oh, Monsieur, tout cela va donc disparaître... (*En chuchotant*) Il le faut. (*Il explique*) Je ne sais comment j'ai pu l'amener ici tout seul. L'exaltation, la *volonté* de la garder... Mais pour nous séparer l'un de l'autre, pour accepter de ne plus jamais la revoir... (*Il se reprend*) ...dans ce monde na- 30 turellement! seulement dans ce monde! — je ne pouvais pas. Vous allez m'aider. J'ai préparé dans la petite cour qui est à nous l'endroit où je vais la mettre. Il suffira maintenant que j'écarte quelques pavés — de cela je m'occuperai seul! Je n'ai besoin de vous que pour m'aider à la porter doucement jusque-là... 35

MOI. — Il a posé le bougeoir sur un bahut voisin. Je continuais à regarder stupidement, je le sentais bien, le corps vide de l'horloge. Et à me dire: "Que peut-il *vouloir?*"

L'ANTIQUAIRE. — Il faut seulement traverser la salle à manger et la cuisine, Monsieur, mais vous connaissez les appartements des antiquaires, ils sont aussi encombrés que leurs magasins! — J'ai préparé une bougie dans chacune des pièces. Nous les allumerons en faisant halte. (*Il explique*) Je vais la prendre par les chevilles, n'est-ce pas, parce qu'il vaut mieux que ce soit moi qui marche à reculons — et vous, vous la prendrez sous les épaules... (*Tendrement*) Vous mettrez sa tête sur votre poitrine, au creux de votre bras. Je vais relever ses cheveux pour qu'ils ne traînent pas à terre... (*Plus bas*) Oh, cela va être difficile. (*Il se reprend et ordonne*) Tenez, Monsieur, passez d'abord une main derrière elle, complètement! (*Il s'impatiente*) Mais oui, ne craignez rien, n'ayez pas peur! (*Avec un sanglot*) Quel mal voulez-vous qu'elle vous fasse... (*Bref silence*)

MOI. —Et alors, si j'essaie de me rappeler ce que j'ai pu penser à ce moment... (*Avec un peu de révolte*) et qui était logique, normal, raisonnable!... — je me suis vu dans la situation totalement *absurde* d'avoir à transporter un cadavre qui n'existait pas. Et le malheureux fou parlait toujours.

L'ANTIQUAIRE, *d'une voix pressée.* — Je la tiens; vous la tenez bien? Attention, je vais soulever ses jambes! (*A partir d'ici, la voix marquera l'effort du porteur*) Penchez-vous, Monsieur, ne restez pas si droit, il faut que je puisse me redresser!... Encore, je vous prie, encore!... Voilà, oui... Mais n'avancez pas si vite, vous allez me faire buter contre un meuble!... Excusez-moi de vous parler un peu vivement... Nous allons avoir du mal[25] ici... avant d'arriver à la salle à manger... dans ce passage si serré... Doucement, Monsieur, doucement... Elle sent toujours tout, vous savez... Vous n'avez pas trop de peine?... Elle ne vous pèse pas trop, n'est-ce pas?

MOI, *s'efforçant à l'ironie.* — *Elle me pesait!* C'était la position que je devais garder tout le long de ce piétinement ahurissant. Car il ne me quittait pas des yeux. Cassé en deux,[26] haletant, il me contraignait sans cesse à me pencher davantage, à me tourner sur la droite, sur la gauche, à éviter avec le plus grand soin de modifier, fût-ce d'un pas, l'espace qui nous séparait l'un de l'autre. Il voyait si

[25] **avoir du mal** have difficulty
[26] **cassé en deux** bent in two

bien sa morte que tout ce qu'il m'ordonnait correspondait à une logique parfaite! (*Plus bas*) Et j'ai commencé à me dire, avec cette tension que j'éprouvais aux reins, entre les omoplates, sous les aisselles, dans les bras mêmes et les doigts que je crispais — j'ai commencé à me dire: "Il la voit et je ne vois rien, je continue à ne rien voir, à nous trouver stupides! (*Lentement*) Mais si elle existait *vraiment* tout en étant invisible, les choses se dérouleraient exactement ainsi..." Quand il m'a obligé dans la salle à manger toute noire à la soutenir seul, la dressant contre moi comme une statue, parce qu'il devait allumer les deux chandelles suivantes, j'ai senti un froid inexplicable... Les yeux écarquillés dans la nuit, il m'a semblé que des cheveux frôlaient mon cou, *j'ai failli tout lâcher!* Le petit homme en se déplaçant parlait, parlait. Les chandelles allumées, nous avons repris notre marche. (*A son tour sa voix marque — mais légèrement — l'effort d'un porteur*) Je ne sais plus si j'avançais les yeux ouverts ou fermés. Tantôt, j'apercevais la porte de la cuisine vers laquelle nous nous dirigions. Tantôt, les reflets d'or d'une chevelure, et des mules charmantes — *dont il ne m'avait rien dit...* Hallucinations! Hallucinations, me répétais-je. La présence invisible me répondait par mes courbatures et ma fatigue. Je serais tout prêt à croire que nous avons mis *des heures* à traverser cette salle à manger, puis la cuisine, jusqu'à une seconde porte. Pour l'ouvrir, il s'est livré à une contorsion qui a failli me faire perdre l'équilibre.

L'ANTIQUAIRE, *épuisé et chuchotant.* — Je ne pense pas qu'à cette heure-ci personne se penche aux fenêtres de la cour — qui était jusqu'à présent une cour misérable, tout juste bonne à y secouer des tapis. Mais il vaut mieux garder le silence. (*Toujours avec une extrême tendresse*) Nous allons la déposer en sortant près du mur de droite. Puis vous rentrerez, vous fermerez la porte... Si j'ai besoin de vous, je viendrai vous chercher, mais je ne crois pas, vraiment. Puisqu'elle obtient ce qu'elle a voulu, elle aimera mieux que je termine tout seul... Je suis sûr que cela ne vous vexera pas, Monsieur, vous êtes venu pour notre bien?

MOI, *avec une certaine résignation.* — Tout s'est passé comme il le souhaitait. Rentré dans la cuisine, j'aurais pu m'enfuir! penserez-vous. J'y ai songé comme à une chose impossible. Pourquoi? A cause des jambes coupées,[27] de la sensation de *poids* dont je n'étais

[27] **(avoir) les jambes coupées** impossible to walk because of emotional upset

pas encore délivré. Et aussi, je tendais l'oreille. Mais il ne faisait aucun bruit dans la cour, je me trouvais au centre d'un grand silence. La chandelle éclairait une petite cuisine aux casseroles soigneusement pendues en rang de taille.[28] Il n'y avait de désordre nulle part, sauf la table, chargée de boîtes de biscuits ouvertes, à moitié pleines. Je commençais à reprendre mes esprits. Je me disais: "Si je lui ai rendu la paix, tant mieux! Un fou mérite que l'on s'occupe de lui plus qu'un homme sensé." J'ai regardé l'heure. Deux heures. "Eh bien, me suis-je dit, il ne te reste plus qu'à retourner chez toi maintenant, sans avoir à te vanter de ta nuit."[29] J'ai retraversé la salle à manger. En me retrouvant au fond de la boutique devant l'horloge béante — sur le bahut, la flamme de la chandelle s'agitait, je ne sais pourquoi — j'ai eu un coup au cœur et je l'ai refermée brusquement.

Un très bref silence.

A ce moment, j'ai entendu le pas du petit homme, lent, très lent. Je me suis hâté de gagner le centre de la boutique, où je pouvais enfin apercevoir la clarté de l'avenue, le dos des statues familières, et dans le cadre de la porte, un arbre. Le pas s'est arrêté une seconde derrière moi. J'ai entendu:

L'ANTIQUAIRE. — Pfff.

MOI. — Il avait soufflé la bougie en passant. Je me suis retourné vers lui. Il arrivait le dos voûté, le regard très malheureux.

L'ANTIQUAIRE, *un soupir, puis avec une grande tristesse.* — Voilà, Monsieur. C'est fini. Le plus dur, pour moi, ce sera de ne *jamais* plus soulever une de ces pierres. (*Désespéré*) D'ailleurs, si je n'y résistais pas, je sais trop ce que je trouverais maintenant. Tout est fini.

MOI. — Il m'avait rejoint. Nous étions l'un devant l'autre au milieu de la boutique. Il tenait la tête basse, son crâne brillait. Je me suis dit: "Il a cessé d'être fou."

Bref silence. Le bruit lent d'un balancier, qui continuera.

MOI (*d'une voix éclatante*). — Et soudain, soudain, dans le silence, venant du fond, dans la direction de l'horloge, de cette horloge *vide,* to-

[28] **en rang de taille** lined up by size
[29] **te vanter de ta nuit** to brag about what you did at night

talement *vide,* nous avons entendu, moi, de mes oreilles, *j'ai* entendu:

Le balancier seul, pendant quelques battements, et qui continuera.

MOI (*d'une voix bouleversée*). — Il avait redressé la tête, il la tournait de tous côtés comme s'il n'avait pas localisé l'origine de ce bruit, 5 comme si mille horloges, comme si mille cloches avaient retenti autour de nous!

Le balancier seul, quelques battements, qui continuera.

Et alors, absolument hagard, il a dit:

L'ANTIQUAIRE. — *C'est toi, Anna?* 10

Le balancier s'arrête. Un silence absolu.

MOI (*lentement, fermement*). — Et dans le silence... dans le silence, j'ai entendu:

UNE VOIX DE FEMME, *d'une pureté, d'une sonorité surnaturelles.* — Oui...

Silence. 15

MOI, *d'une voix serrée.* — Il a levé sur moi un regard d'angoisse. Mais en *lisant* ce qu'il y avait sur mon visage, il s'est illuminé de tout le bonheur du monde.

L'ANTIQUAIRE, *en sanglotant.* — Ah, Monsieur, Monsieur, vous l'avez entendue comme moi! Elle a répondu? Elle a répondu? Rien n'est 20 fini, rien n'est fini! *Tout commence...*

MOI. — Il est tombé à mes pieds en sanglotant:

L'ANTIQUAIRE. — Et c'est à vous que je le dois...

Le balancier reprend.

MOI. — Je ne pouvais pas rester une seconde de plus. J'ai couru vers la 25 porte.

Le balancier s'arrête.

Je me suis retrouvé *dans* l'avenue, dans ma rue, chez moi. Et je suis resté jusqu'au matin assis dans un fauteuil, à entendre... (*Il essaie d'imiter le ton*) ce "Oui" dont personne jamais ne pourra se 30 figurer l'accent... (*Il essaie encore*) "Oui"... (*Presque juste*) "Oui"...

Bref silence.

J'ai vécu, depuis, cinq jours plutôt préoccupants. Je n'osais pas repasser par l'avenue. Je me disais que si j'avais le malheur de le revoir immobile comme "autrefois" entre les deux Vierges, je risquais de me croire fou à mon tour.[30] Avec un certain courage — car il m'en a fallu, je le garantis! — je me suis décidé tout à l'heure à rentrer par mon chemin habituel. L'approche de la boutique m'a procuré une sensation très désagréable. Très. Mais c'est à travers la porte que j'ai aperçu son crâne. Il parlait à un couple de visiteurs qui considéraient une statuette. Il m'a vu. (*En mots très détachés*) Et il m'a fait un clin d'œil, comme au souvenir d'un tour que nous aurions joué ensemble, dans des temps très anciens — à *Quelqu'un d'Autre...*

[30] **à mon tour** this time

ROBERT PINGET

Robert Pinget, born in 1919 in Geneva, studied law and practiced it for two years. But he preferred painting and writing to his law practice, and since 1952 he has lived in Paris as a writer.

Pinget has been associated with the authors of the *nouveau roman*. He too breaks with the realistic French novel of the nineteenth century, where the omniscient author, using the third person singular, creates his character to express his own thoughts. Pinget has found a distinct and personal type, in which the techniques of monologue and dialogue explore new dimensions in consciousness. In his monologues, which take place on different levels of consciousness, someone called "I" speaks, communicating reality as he sees it. However, at the same time and often unknown to the "I," there is a deeper level of consciousness, manifesting itself in recurrent questions, hesitations, contradictions, and negations. Reality is confused with dream, past and present are perceived simultaneously. The monologuist, not trying to analyze his thoughts, wishes us to share his feelings; he wants us to join his anguished search for an identity. This "I," which speaks for no one, may belong to anyone.

The question Pinget repeatedly poses is: Is there a self beyond words? All of his first-person narrators seek their inconclusive answers; their painful gropings show fragmentary images of a distorted world. Each speaker believes his vision is correct. Accordingly, the two old men who try to evoke the "good old days" in the radio play *La Manivelle* are impatient with each other because they recall the past differently.

Differences in perception also provide the basic theme in *Autour de Mortin,* consisting of several interviews about a man called Mortin. Again we have monologues, which reveal the particular speakers' visions of Mortin and of themselves. As we listen to Johann, the maid Noémie, the boisterous Passavoine, a landlady, a tavern boy, Madame Jumeau, a hobo called Mahu, and a schoolteacher, the image is amplified and confused.

The most interesting speaker is Johann, whose interview is contained in our anthology. From the beginning Johann, a hesitant, timid man, gropes for words to express himself, in order to clarify his ambiguous relationship to Mortin, and his ambitions, about which he feels apologetic. Intending to write down his memoirs, he faces an insurmountable task. Not knowing where to start, he begins twenty or thirty times and finally produces several versions, without daring to destroy any of them. Unable to choose, he makes notes of everything. In the last chapter of *Autour de Mortin,* we find these rough notes, which are a good example of "ante-novels," a term coined by Bernard Pingaud. Such notes might precede the writing of a novel, before a plot and characters are created. Characteristically, punctuation is often omitted — the writer is anxious to keep on writing.

> *Noter simplement noter sans m'interrompre je perds le fil, une vieille histoire il me faut en finir, je n'ai que ce carnet mais ça doit suffire avec un peu d'effort, ces choses sur le moment je les pensais pas de raison qu'elles me soient sorties, un peu d'effort on les retrouvera bien quelque part, ici première page je recommence...*

In these notes, we learn about the slow destruction of a friendship. Small quarrels that might go unnoticed are jotted down. A bottle of wine disappears and a meal is eaten alone in the kitchen. One afternoon pulling weeds in the garden, Johann suddenly realizes that the friendship no longer exists. For a last time he looks at the garden.

> *Ce coin que j'aimais et ne reverrais plus me donnait le désir d'un jardin idéal, sans fatigue, plein d'odeurs et de promesses tenues ...Je suis rentré il faisait nuit...*

We sense feelings that Johann has not expressed before this last unfinished phrase: a profound disillusionment in his wish for an ideal garden, where men do not grow tired and where promises are kept.

Pinget's principal works include: *Entre Fantoine et Agapa* (1950), *Mahu ou le matériau* (1952), *Graal Flibuste* (1956), *Baga* (1958), *Le Fiston* (1959), *Lettre morte* (1959), *La Manivelle* (1960), *Clope au dossier* (1961), *Ici ou ailleurs* (1961), *L'Inquisitoire* (1962), *Quelqu'un* (1965), *Autour de Mortin* (1965).

INTERVIEW

— Avec l'intention de l'écrire?

— L'intention, ce n'était pas vraiment une intention, plutôt l'impression de... l'impression, une impression.

— Une impression que vous pouviez essayer d'en parler?

5 — Disons, oui.

— Quand avez-vous commencé?

— Il y a bien dix ans... ou même j'avais commencé avant, disons en gros[1] dix ans.

— C'était donc très postérieur aux faits, ce n'était plus que des
10 souvenirs?

— Oui.

— Avez-vous eu de la difficulté à les rassembler?

— Pas à les rassembler, à les comment dire... à les grouper, à les classer plutôt.

15 — Vous aviez bien connu ce Mortin?

— Oui... (*Un temps*) Je savais tout ce qu'il faisait et quand il le faisait et comment, par cœur.

— Voulez-vous dire que vous étiez capable d'imaginer son existence sans le voir?

20 — Oui... je ne le voyais pas tout le temps il n'aimait pas qu'on le

[1] **en gros** altogether

dérange... mais au début avant que je l'ennuie il me laissait... je restais la journée, j'avais le temps.

— Quand avez-vous commencé à l'ennuyer?

— Pas longtemps après notre connaissance, peut-être six mois, oui, six mois. 5

— C'est alors que vous vous êtes mis à imaginer ses journées?

— Oui.

— Mais vous continuiez à le voir de temps en temps?

— Une fois par semaine, ensuite une fois par quinzaine et ensuite une fois par mois... jusqu'au jour où je l'ennuyais trop, je n'y suis 10 plus retourné.

Avez-vous continué longtemps à imaginer ses journées?

— Longtemps, oui.

— Combien de temps?

— Je ne sais pas... peut-être dix ans. 15

— Jusqu'au jour où vous avez décidé de vous en débarrasser en écrivant vos souvenirs?

— Je vous dis ça n'était pas une décision c'était... (*Un temps*) Du reste j'avais déjà commencé, des phrases que je mettais dans un tiroir... ça ne m'a servi à rien, je ne sais pas écrire. 20

— Pourquoi dites-vous que vous avez eu de la difficulté à classer vos souvenirs?

— Parce que c'est vrai.

— Veuillez préciser.

— Je ne savais pas s'il fallait me souvenir des journées ou de ce 25 qu'il disait ou de ce qu'il avait fait un jour ou un autre... Est-ce qu'il fallait commencer par la première journée et dire tout et ensuite la seconde et comme ça jusqu'à la fin... ou bien s'il fallait parler d'abord de lui, de sa santé par exemple, et ensuite de ce qu'il disait et ensuite des premières fois que je l'ennuyais et continuer par les visites plus espacées...[2] (*Un temps*) 30 Parce qu'à ce moment-là je ne le voyais plus de la même façon, je veux dire il était différent... Est-ce qu'il fallait me demander si ce nouveau Mortin était le même que l'ancien que je n'aurais pas vu du temps que je le voyais ou si c'était carrément[3] autre et alors combien il y en avait... Oui, c'était impossible, tout se mélangeait... J'ai recommencé vingt, trente fois. 35

— Jusqu'au jour où vous avez jeté vos essais dans le puits?

— Oui.

[2] **les visites plus espacées** more infrequent visits
[3] **carrément** simply

— Vous êtes-vous senti libéré alors?

— Sur le moment oui, après plus.

— Avez-vous retenté vos expériences?

— Ça ne servait à rien je ne sais pas écrire... (*Un temps*) Mais
5 pour oublier tout ça...

— Qu'aviez-vous à dire sur sa santé?

— C'est un exemple que je dis comme ça.

— Etait-elle bonne?

— Assez, mais il avait souvent mal à la tête... Une fois ça a duré
10 plusieurs jours, j'ai dû appeler le docteur, il a dit du repos et des remèdes qu'on a achetés.

— Mortin gardait-il le lit[4] dans ces cas-là?

— La fois que je dis seulement, autrement non.

— Veuillez parler d'une journée de Mortin.

15 — Quand j'arrivais je parle au début il venait de se lever c'était huit heures, il était encore en robe de chambre, une robe de chambre marron à col jaune et les poignets... Il disait qu'elle datait de vingt ans,[5] ça devait être vrai, très sale mais il aimait les vieilleries... et des babouches marocaines qu'on ne peut pas marcher avec... (*Un temps*) Il était dans la
20 cuisine à faire son café, quand j'arrivais il rajoutait une cuillerée dans la cafetière... Je lui disais que j'avais déjà pris le mien, mais il disait ça ne fait pas de mal...[6] Au début du moins, après il n'insistait plus... (*Un temps*) Je me souviens la première fois qu'il n'a pas remis une cuillerée en disant tant pis pour vous et la seconde fois il n'a rien dit, il a été avec sa tasse sur
25 la terrasse... Il y avait ce jour-là des pigeons qui se chamaillaient, il a dit ces pigeons salissent beaucoup il faudrait les éloigner... Ou était-ce une autre fois. (*Un temps*) Vous voyez déjà les fois qui se mélangent.

— Parlez de vos premières visites. Après le café.

— Après le café je rinçais les tasses et il allait faire sa toilette,[7]
30 ensuite je lisais le journal sur la terrasse ou dans le bureau... c'est-à-dire au début sur la terrasse il faisait encore beau, ensuite au bureau mais je crois que déjà à ce moment je ne rinçais plus qu'une tasse.

— Veuillez ne pas vous perdre dans le détail.

— Quand il revenait de sa toilette il me disait ce que je pouvais

[4] **gardait-il le lit** did he stay in bed
[5] **elle datait de vingt ans** it was twenty years old
[6] **ça ne fait pas de mal** there is no harm in that
[7] **il allait faire sa toilette** he went to get washed and dressed

faire, par exemple récurer la cuisine ou gratter le jardin ou faire des commissions, des choses comme ça.

— Où alliez-vous en commissions?

— Au village.

— Loin? 5

— Deux kilomètres à pied.

— Mortin y allait-il aussi?

— Des fois mais moins pendant que j'étais chez lui.

— Les fournisseurs venaient-ils prendre ses commandes?

— Ils venaient livrer. 10

— Comment faisait-il ses commandes?

— Par téléphone.

— Quel genre de commissions faisiez-vous pour lui?

— Des choses qui manquaient sur le moment, qu'il avait oublié de commander... Notez il s'en serait passé, c'était plutôt moi qui insistais. 15

— Vous étiez en quelque sorte à son service?

— J'aurais bien voulu, lui non, il voyait que ça me faisait plaisir... Il ne me payait pas, du reste je n'aurais pas voulu.

— Comment aviez-vous fait sa connaissance?

— En me promenant un jour du côté de chez lui,[8] il m'a dit bonjour et nous avons fait un bout de chemin[9] ensemble, on a discuté des plantations de tulipes, il avait de vieux oignons et il ne savait pas que ça vieillit... il pensait que ses tulipes étaient de plus en plus petites parce que son jardin manquait de fumier... Je lui ai dit que les tulipes vieillissent comme le reste il faut en changer et il m'a fait entrer dans son jardin pour voir ses tulipes... (*Un temps*) C'étaient des Darwin[10] roses et noires, les noires plus grosses que les roses elles sont plus résistantes, mais elles devaient bien avoir trois ou quatre ans. 20 25

— Le jardin était-il grand?

— Deux cents mètres carrés tout au plus avec une plate-bande de chaque côté de l'allée qui traverse et une plate-bande contre la maison bordée par un muret en ciment. 30

— Et la maison?

— Petite, un étage.

— Combien y avait-il de pièces? 35

— En bas la cuisine où on entrait, elle donnait à droite sur une

[8] **du côté de chez lui** in his neighborhood
[9] **un bout de chemin** a short distance
[10] **Darwin** Darwin tulips

petite chambre[11] à gauche sur le bureau, c'est-à-dire la pièce où il travaillait c'était aussi la salle à manger et le salon... Il y avait dans un coin l'escalier et en haut sa chambre avec à côté la salle de bain et un débarras.[12]

— Veuillez brièvement décrire le bureau.

5 — Au milieu il y avait une table avec six chaises et en face de la porte entre les deux fenêtres le buffet, ça c'était la salle à manger... et à gauche sous une fenêtre un canapé rouge à pompons et trois fauteuils autour d'un guéridon c'était le salon... et au fond à droite devant la quatrième fenêtre son bureau et son fauteuil avec dans le coin la bibliothèque des 10 livres et une petite pendule qui marchait tout le temps il la remontait le matin, je crois qu'elle lui venait de sa famille.[13]

— N'y avait-il rien aux murs de cette pièce?

— Des tableaux, deux de chaque côté de la fenêtre du salon, un dans le coin gauche du bureau c'est-à-dire entre la fenêtre et le coin.

15 — Vous souvenez-vous de ce que représentaient ces tableaux?

— Le premier du salon c'était un port de pêche avec des bateaux et des petits pêcheurs sur le quai... l'autre un paysage d'hiver, des sapins et des chalets dans la neige, et celui du bureau c'était un zouave, il avait un trou dans sa tunique que j'avais essayé de boucher par derrière avec du 20 papier collant... Il m'avait dit ça ne tiendra pas, mais ça a tenu.

— Veuillez poursuivre sur la journée.

— Où est-ce que j'en étais.[14]

— La tâche qu'il vous donnait à faire.

— Oui récurer la maison ou gratter le jardin.

25 — Que faisait-il pendant ce temps?

— Il s'installait à son bureau et il écrivait sans arrêt jusqu'à onze heures et demie.

— Qu'écrivait-il?

— La vie d'un monsieur de sa connaissance, du moins j'ai toujours 30 pensé que c'était une connaissance, il m'en a parlé comme ça de temps en temps, il avait dû le connaître... à moins que c'était une connaissance de sa famille mais il en savait long sur lui,[15] il avait des quantités de lettres et des livres aussi.

— Savez-vous le nom de cette connaissance?

35 — Monsieur Mortier.

[11] **elle donnait à droite sur une petite chambre** at the right was a little room
[12] **le débarras** storage room for miscellaneous items
[13] **elle lui venait de sa famille** he had inherited it from his family
[14] **Où est-ce que j'en étais?** Where was I?
[15] **il en savait long sur lui** he knew much about him

— Que vous disait-il par exemple au sujet de ce Mortier?

— Qu'il était très intelligent, il avait écrit des livres et voyagé partout mais il était très seul, ça il a souvent insisté, très seul, je ne comprenais pas puisque c'était quelqu'un de célèbre avec beaucoup d'amis... On aurait dit qu'il essayait de me faire croire que ce Mortier était comme lui, lui qui ne voyait personne. 5

— Ne voyait-il vraiment personne?

— Il lui restait une nièce qui lui rendait visite, mais pas souvent, autrement rien.

— Votre présence ne comptait pour rien? 10

— C'est ça qui m'a fait le plus mal, au début je me disais que j'allais lui tenir compagnie, qu'il me parlerait moins de sa solitude... mais j'ai déchanté, je n'étais rien, j'étais de trop... j'ai dû renoncer.

— Veuillez poursuivre sur la journée. Il écrivait jusqu'à onze heures et demie. Ensuite. 15

— Je lui servais l'apéritif, un jus de tomate ou un porto suivant les jours, moi j'avais commencé de préparer le déjeuner, je le finissais et je servais à midi et quart.

— Vous faisiez ça tous les jours?

— Au début oui, six mois, ensuite de moins en moins comme j'ai dit. 20

— Quel intérêt trouviez-vous à ce service puisqu'il ne vous payait pas?

— C'est une question qu'on m'a souvent posée.

— Alors? 25

— Alors rien, c'était mon plaisir... je voulais faire ça pour lui, je m'occupais comme ça... il me semblait que je pouvais être utile, j'avais l'impression, je me disais... (*Un temps*) Mais on se trompe chaque fois.

— Que voulez-vous dire?

— On se trompe quand on se croit utile, on croit qu'on peut faire quelque chose, on ne peut rien. 30

— Avez-vous fait d'autres expériences de ce genre?

— Pas spécialement mais je me rends bien compte[16] que les gens suivent chacun leur idée... Tout ce qu'on peut bien faire pour eux ne leur sert à rien. 35

— Pensez-vous à quelqu'un en particulier?

— Non.

[16] **je me rends bien compte** I do realize

— Sans vos services Mortin se tirait-il d'affaire?[17]

— Il s'est toujours tiré d'affaire sans personne... mais ce que je peux dire c'est que tout ce que j'ai fait en plus ça ne pouvait pas lui nuire, des repas bien cuits, la maison propre, le jardin.

5 — Vous logeait-il?

— Il n'a jamais voulu, il aurait pu, la petite chambre à côté de la cuisine ne servait à personne, jamais voulu... je rentrais chez moi tous les soirs.

— Avez-vous une idée de ce qui a pu l'indisposer à votre égard?

10 — Ah si je le savais, si j'avais pu savoir... Ç'a été le plus dur, je lui ai demandé mille fois, mille fois demandé, il a commencé par me dire que ce n'était rien, qu'il préférait être seul, que ce n'était rien... ensuite il m'a dit que nos caractères ne s'entendaient pas, que ce n'était la faute de personne, comme si on avait eu des mots, nos caractères, comme si je m'étais
15 permis de discuter... (*Un temps*) A la fin il m'a dit que je l'ennuyais ou s'il ne l'a pas dit...

— Veuillez poursuivre sur la journée.

— On déjeunait ensemble, au début il me parlait, ensuite plus, mais je pensais que ça lui valait mieux et je n'ai plus rien dit non plus...
20 Je me disais il n'arrête pas de parler dans un sens puisqu'il écrit tout le temps, mais j'y ai souvent repensé depuis, j'aurais dû le tirer de là, de cette difficulté... c'est peut-être ma faute, j'y ai souvent repensé.

— De quoi vous parlait-il au début?

— De son travail, tout ce qu'il devait écrire, de monsieur Mortier,
25 du jardin et de sa nièce aussi.

— Avez-vous vu cette nièce?

— Deux ou trois fois.

— Que savez-vous d'elle?

— Pas grand-chose... je ne crois pas qu'il l'aimait beaucoup, elle
30 devait lui rappeler sa sœur et peut-être qu'elle venait avec une idée de derrière la tête.[18]

— Laquelle?

— Elle devait croire qu'il était riche, c'est toujours ces questions.

— Veuillez décrire cette personne.

35 — Elle devait avoir la trentaine mais sa figure était ingrate... jaune et les dents malsaines et comme elle s'habillait on aurait pu la prendre pour sa mère, elle portait encore le deuil après cinq ou six ans... (*Un temps*)

[17] **se tirait-il d'affaire** did he manage to get along
[18] **une idée de derrière la tête** ulterior motives

Elle était maîtresse d'école, la première fois qu'elle est venue elle apportait un petit gâteau pour le thé, elle a été surprise de me voir à la cuisine, elle m'a demandé qui j'étais, son oncle ne lui avait pas parlé de moi, combien je gagnais, si je comptais rester... (*Un temps*) Elle lui a peut-être dit quelque chose contre moi. 5

— Qu'est-ce qui vous le fait supposer?

— Tout ça est si vieux, je ne suppose plus rien.

— Vous souvenez-vous de ce qui vous le faisait supposer?

— C'est en y repensant après, bien après que je m'étais fait cette idée... A force de retourner les mêmes choses dans sa tête on en voit une 10 tout à coup qu'on croit n'avoir pas vue sur le moment.

— Pouvez-vous la formuler?

— Ça n'a pas plus d'importance que le reste, tout ça était dans ma tête et j'ai appris à m'en méfier... (*Un temps*) Comment voulez-vous que la vérité nous vienne du malheur, on ne sait plus ce qu'on pense à force, 15 la tête est infectée.

— Dites simplement l'idée qui vous est venue alors, quelque improbable qu'elle vous paraisse maintenant.

— Bien après je me suis souvenu que le jour après la visite de sa nièce je l'avais surpris à compter l'argenterie... Je lui ai demandé ce qu'il 20 lui arrivait, il a eu l'air embarrassé, il m'a dit qu'il devait penser à faire l'inventaire de ses biens, un malheur est si vite arrivé.

— Vous avez pensé néanmoins qu'il se méfiait de vous?

— Pas sur le moment, ça ne me serait pas venu à l'idée, après seulement, après... et voilà ce qu'on veut prendre pour la vérité, sur le 25 moment est-ce que je sais ce que j'ai pensé, probablement une lubie qu'il avait, ensuite que sa nièce avait peut-être glissé un mot de l'héritage... ou plutôt d'abord qu'elle avait parlé contre moi et ensuite...

— Vous souvenez-vous d'un trait caractéristique de la vie de Mortier? 30

— Il avait écrit des livres.

— Un détail particulier, un événement dans son existence.

— Il était parti en Afrique, il avait été marié deux fois.

— Vivait-il toujours?

— Je ne sais pas. 35

— Les livres que consultait Mortin étaient-ils ceux de Mortier ou des livres consacrés à lui?

— Il y en avait deux ou trois de Mortier et des autres sur l'Afrique ou sur l'armée.

— Mortier était-il militaire?

— Je crois oui... ou qu'il l'avait été mais sur la photo il était en civil.

— Quelle photo?

5 — Dans un des livres.

— Avez-vous feuilleté ces livres?

— Je n'aurais pas osé.

— Mortin s'y serait opposé?

— Je ne lui ai jamais demandé.

10 — Veuillez poursuivre sur la journée. Le déjeuner.

— Le déjeuner oui, la vie de Mortier, la solitude, les choses qui n'arrivent pas... (*Un temps*) Quand j'ai voulu classer tout ça je n'y suis pas arrivé, je confondais les fois où il m'avait parlé... (*Un temps*) Pour mettre de l'ordre dans ma tête j'aurais dû insister pour rester le soir, j'aurais 15 dû prendre la petite chambre, il m'aurait détesté mais au moins j'aurais essayé et peut-être on ne sait jamais peut-être qu'à la fin il m'aurait accepté et ces choses qui n'arrivaient pas il n'y aurait plus pensé... (*Un temps*) Est-ce qu'on voit assez notre bêtise chacun à vouloir crever dans son coin au lieu de faire un effort pour crever ensemble.

20 — Vous trouveriez plus réconfortant?

— Encore une idée que je me fais.

— Que faisiez-vous après le déjeuner?

— Je faisais la vaisselle,[19] ensuite je m'occupais au jardin ou dans la maison, l'après-midi passe vite.

25 — Continuait-il d'écrire?

— Jusqu'à quatre heures, ensuite il allait se promener dans le chemin, il allait jusqu'à la haie qui limite la propriété du maire et il revenait à cinq heures moins le quart, je préparais son thé.

— Vous ne le preniez pas avec lui?

30 — Non.

— Il s'y refusait?

— Je n'aime pas le thé.

— Se remettait-il à écrire ensuite?

— Jusqu'à sept heures, je lui servais l'apéritif, en général un 35 porto... Au début il m'en offrait, ensuite plus, et je préparais le dîner pour huit heures.

— Dîniez-vous ensemble?

[19] **je faisais la vaisselle** I did the dishes

— Oui.

— Vous parlait-il pendant le dîner?

— Au début, ensuite plus.

— A quelle heure le quittiez-vous?

— Après la vaisselle c'était neuf heures en général, au début il me disait à demain, ensuite plus. 5

— Que faisait-il après le dîner?

— Il était assis dans son fauteuil.

— Sans rien faire?

— Oui. 10

— Savez-vous à quelle heure il se couchait?

— Je ne sais pas, peut-être vers dix heures.

— Vous n'avez pas eu la curiosité de lui demander?

— Non j'ai su un jour par les voisins qui m'ont dit qu'ils l'avaient v... qui m'ont dit d'habitude il se couche à dix heures la lumière s'éteint. 15

— Vous alliez dire autre chose?

— Non...

— Vous semblez hésiter. Les voisins vous avaient-ils dit autre chose? 20

— Ils m'avaient dit... (*Un temps*) C'est sans importance.

— Veuillez le dire tout de même.

— Ils m'avaient dit qu'ils l'avaient vu aller du côté du village, d'après eux il devait y aller des fois.

— Avaient-ils une idée où il se rendait? 25

— Ils ne savaient pas, ils supposaient comme les gens qui n'ont rien à penser.

— Que supposaient-ils?

— Qu'il buvait.

— Qui étaient ces voisins? 30

— Un vieux couple, ils sont morts tous les deux.

— Mortin n'avait pas lié connaissance avec eux?[20]

— Il y avait longtemps, qu'ils ne se voyaient plus.

—Ces voisins pouvaient-ils fonder leurs soupçons sur des conversations avec des gens du village? 35

— Ils ne sortaient pas de chez eux.

— Avaient-ils les mêmes fournisseurs?

[20] **Mortin n'avait pas lié connaissance avec eux.** Mortin had not become friendly with them.

— Oui.
— Ces gens-là ne pouvaient-ils pas les renseigner?
— Ça ne m'est jamais venu à l'idée.
— Vous-même n'habitiez pas le village?
5 — Non, à l'opposé sur la grand-route.
— N'avez-vous jamais été tenté de vérifier si les voisins avaient raison?
— Je vous dis que tout ça n'a pas d'importance.
— Veuillez dire ce que vous savez.
10 — Un jour je me suis rendu au village vers dix heures et demie... c'est-à-dire je rentrais chez moi et juste avant d'ouvrir ma porte je me dis tu devrais aller au village... j'ai hésité un moment et je me suis dit qu'est-ce que tu risques[21] et j'ai rebroussé chemin et je suis allé au Cygne[22] le bistro de la place... j'ai commandé un demi[23] et j'ai entendu dire à Blimbraz que 15 Mortin allait peut-être venir... j'ai demandé à Blimbraz s'il venait souvent il m'a dit des fois mais la patronne tout de suite m'a dit oh c'est bien rare vous savez.
— Qui est Blimbraz?
— Le cantonnier.
20 — Pourquoi la patronne intervenait-elle?
— C'est ce qui m'a paru drôle, je n'ai pas insisté mais plus tard j'ai demandé à Cyrille le garçon si Mortin venait ou non... il m'a dit comme la patronne c'est rare vous savez.
— Pourquoi le cantonnier semblait-il espérer sa venue?
25 — Je lui ai redemandé, il m'a dit on ne sait jamais ce serait un verre à l'œil,[24] je lui ai demandé s'il payait souvent à boire,[25] il m'a dit des fois.
— Avez-vous reparlé aux voisins?
— Des fois.
30 — Vous ont-ils dit autre chose sur les habitudes de Mortin?
— Les gens qui n'ont rien à faire que de parler sur les autres...
— Que vous ont-ils dit?
— Des cancans à dormir debout.[26]

[21] **qu'est-ce que tu risques** what do you have to lose
[22] **le Cygne** the Swan
[23] **un demi** a glass of beer
[24] **à l'œil** (*slang*) free
[25] **il payait souvent à boire** he often treated
[26] **Des cancans à dormir debout.** Unbelievable gossip.

— Veuillez préciser.

— N'importe quoi, ce qui leur passait par la tête, les gens ne supportent pas que quelqu'un vive seul, ils ont tout de suite des choses à en dire.

— Que vous disaient-ils? 5

— Que je devais me méfier, il était sûrement neurasthénique, avec ces gens-là on ne prend jamais assez de précautions et allez savoir si sa femme autrefois il ne lui avait pas jeté un sort... des choses dans ce goût-là...

— Il était donc marié?

— Il y avait longtemps qu'il était veuf quand je l'ai connu. 10

— Combien de temps?

— Peut-être dix ans.

— Comment sa femme était-elle morte?

— Elle s'était noyée dans la rivière.

— Les voisins l'avaient-ils connue? 15

— Oui.

— Que disaient-ils d'elle?

— Qu'elle était malheureuse à cause de lui, ça se voyait de plus en plus, elle avait été gaie autrefois et bonne voisine et petit à petit elle ne voulait plus voir personne. 20

— Pourquoi les voisins soupçonnaient-ils Mortin d'en être la cause?

— Pourquoi pourquoi, les gens ne se demandent pas pourquoi, ils disent une chose n'importe laquelle et quand une femme se met à changer c'est toujours la faute du mari. 25

— Mortin vous parlait-il de sa femme?

— Jamais.

— Avez-vous appris autre chose à ce propos[27] au village?

— Pas grand-chose.[28]

— Les mêmes soupçons sur Mortin? 30

— Ça dépendait, les uns disaient qu'il n'aurait jamais dû se marier, les autres qu'il n'était pour rien dans la mort de sa femme...[29] la plupart ne s'en souciaient plus, dix ans après les gens parlent d'autre chose.

— N'êtes-vous pas retourné au café vérifier si oui ou non il buvait?

[27] **à ce propos** concerning this

[28] **Pas grand-chose.** Not much.

[29] **il n'était pour rien dans la mort de sa femme** the death of his wife was not his fault

— J'y suis retourné mais je ne l'ai vu qu'une fois bien après l'avoir quitté.

— Etait-il oui ou non en état d'ébriété?

— Non, il m'a payé un verre, nous avons parlé un peu et il est reparti.

— De quoi avez-vous parlé?

— De son travail et de sa nièce.

— Avez-vous revu celle-ci?

— Une fois, deux ou trois ans après mon départ, j'étais venu comme ça je les dérangeais... je suis resté à la cuisine, j'ai épluché des pommes de terre... elle est venue me dire d'arrêter, elle s'en occuperait elle-même et je suis parti.

— Y êtes-vous retourné après ça?

— Oui.

— Longtemps?

— Un ou deux ans, je ne sais plus.

— Qu'y faisiez-vous les dernières fois?

— J'épluchais des pommes de terre ou je nettoyais un coin... (*Un temps*) Je n'osais même plus lui préparer son repas, un jour il m'avait dit que ma cuisine lui faisait mal.

— Lorsque vous avez commencé à rédiger vos souvenirs quelle forme avez-vous adoptée?

— Je ne comprends pas la question.

— Avez-vous finalement classé vos souvenirs par ordre chronologique?

— Qu'est-ce que vous voulez dire?

— Vous avez dit que vous ne saviez pas si vous deviez parler des jours à la suite les uns des autres ou de vos conversations ou de ses habitudes.

— C'est vrai, je ne savais pas.

— Quel classement avez-vous finalement adopté?

— Je vous dis, je ne savais pas, j'ai essayé, je n'y arrivais pas... j'ai tout jeté pour finir.

— Autrement dit ce que vous avez jeté était rédigé de plusieurs façons contradictoires?

— Si vous voulez.

— Est-ce le fait de n'avoir pas pu vous décider pour un classement qui vous a fait jeter ces pages?

— Oui.

— Vous souvenez-vous d'une difficulté spéciale, d'une chose sur laquelle vous butiez plus spécialement?

— Je vous dis c'étaient les journées ou les idées... Un jour je m'apercevais que j'avais déjà dit une chose, plutôt je me demandais si je ne l'avais pas déjà écrite et je relisais tout et je trouvais que je l'avais déjà écrite d'une autre façon... Je ne savais pas quelle était la bonne, j'en corrigeais une et le lendemain je corrigeais l'autre et ce qui restait c'était souvent le moins vrai, ça n'allait pas avec le reste... Alors je recopiais la première chose sans corriger et je n'osais pas déchirer les autres pour si des fois elles me sembleraient plus vraies ensuite. (*Un temps*) Je gardais tout ça, pour finir je ne comprenais plus rien, c'était comme si je parlais de trois ou quatre personnes différentes... Je me disais aussi que les rêves sont souvent justes et j'essayais de me les rappeler, il y en avait de très anciens que j'écrivais et tout à coup en les écrivant je me disais que ce n'étaient pas des rêves c'était arrivé... Des fois je ne savais plus, je devais m'arrêter et le jour que je reprenais je m'apercevais que c'était plutôt une idée que j'avais eue mais plus vraie que des choses arrivées... mais quand je relisais je me demandais si je n'avais pas tout inventé, je ne pouvais plus dormir... (*Un temps*) Je retournais rôder autour de la maison et je voyais bien qu'elle était là, je reconnaissais la cuisine, même je le voyais lui en train d'écrire derrière la fenêtre... (*Un temps*) Une fois j'ai failli crier parce que tout à coup je croyais être à côté de lui, j'étais en train de lui parler et j'allais retourner à la cuisine faire quelque chose que j'avais oublié... Quand je me suis vu sur le chemin en train de penser à ça j'ai eu un étourdissement et je suis tombé.

— N'y a-t-il pas une circonstance qui vous ait donné plus de difficulté que d'autres dans votre rédaction?

— Les premiers jours où je me suis aperçu qu'il ne tenait pas à mon service.

— Un fait précis?

— Je vous ai dit je n'ai jamais pu savoir.

— Parmi toutes les suppositions que vous avez faites y en avait-il une qui vous ait paru plus vraisemblable?

— J'ai longtemps pensé que c'était le jour où j'avais brûlé l'omelette... j'ai dû en faire une autre sans champignons, il tenait peut-être à ces champignons apportés par sa nièce, ça venait de leur jardin de famille... il n'a rien dit mais j'ai pensé après qu'il avait dû être contrarié, il ne se mettait jamais en colère et ça n'arrangeait rien, je ne savais pas à quoi m'en tenir...[30]

[30] **à quoi m'en tenir** what to think

(*Un temps*) Ensuite j'ai pensé que ça ne lui avait rien fait puisqu'il n'aimait pas sa nièce mais je l'avais vu quelques jours après regarder dans le dictionnaire à la page des champignons... et un autre jour il en a rapporté de sa promenade qu'il m'a demandé si c'étaient les mêmes, ils étaient vénéneux... (*Un temps*) Bien sûr que sur le moment tout ça n'avait pas d'importance mais c'est ensuite en y repensant que...

— A part cela, autre chose?

— Je lui avais dit un jour que l'allée du jardin aurait dû être empierrée, il ne voyait pas la nécessité, j'ai dit que je me crottais et il m'a dit que ça ne durerait pas... Est-ce qu'il voulait dire que le mauvais temps ne durerait pas ou s'il avait décidé de me renvoyer... (*Un temps*) Peut-être qu'il avait décidé parce que pas longtemps après il m'a dit un matin de ne pas faire autant de bruit quand j'arrivais, je lui ai demandé quand est-ce que j'avais fait du bruit, il m'a répondu tous les jours et il a ajouté quelque chose que je n'ai pas compris... j'ai pensé après que ça devait être de nouveau ça ne durera pas mais j'ai pensé d'abord qu'il m'avait dit ça ne durera pas comme il m'aurait dit j'espère que ça ne durera pas, j'espère que vous ferez attention dorénavant... C'est après seulement que je me suis dit c'était la même décision.

— Autre chose?

— Il prenait l'habitude de marmonner tout seul pendant les repas... Je lui ai demandé au début ce qu'il avait, il m'a répondu rien du tout, mon travail me donne du souci... Ou alors de se lever pour prendre une cuillère ou le sel au lieu de me demander et bêtement je me disais il est distrait... jusqu'au jour où il m'a dit qu'il préférait me voir une fois par semaine et ainsi de suite jusqu'à la fin... (*Un temps*) Mais vous ne pouvez pas savoir ce que c'est de ne pas savoir... Ce n'est pourtant pas que je ne lui aie pas demandé, je ne faisais plus que ça et lui me répondait que ce n'était rien que ce n'était rien... (*Un temps*) N'empêche qu'il n'était plus question que je revienne tous les jours... C'est alors que j'ai commencé à ruminer l'histoire des champignons et le reste, j'ai pris un jour mon courage et je lui ai demandé si c'était ça qui l'avait tellement indisposé... il s'est mis à me rire au nez[31] en disant tout de même me prenez-vous pour un maniaque... je n'ai plus insisté.

— Aviez-vous consigné tout ça dans votre manuscrit?

— Oui.

— Vos doutes successifs et ses réponses?

[31] **me rire au nez** laugh in my face

— Oui je vous dis c'était le plus difficile... Je ne savais pas si je devais écrire ce que j'avais d'abord pensé ou ce que je pensais sur le moment... s'il fallait écrire je me demande si je me trompe ou s'il ne fallait pas l'écrire, seulement le penser... et c'est devenu tellement difficile je croyais perdre la tête... Je me suis dit tu vas laisser ça maintenant, j'ai essayé mais je m'y remettais... (*Un temps*) jusqu'au jour où j'ai décidé de jeter ces papiers. 5

— Pourquoi avez-vous choisi de les jeter dans le puits plutôt que de les brûler?

— Je ne sais pas... une idée comme ça... j'ai tout ficelé autour d'une pierre et j'ai été le jeter. 10

— Et vous disiez que peu après vous avez regretté votre geste?

— Je n'ai pas dit ça.

— N'avez-vous pas dit que vous vous êtes senti libéré sur le moment, ensuite plus? 15

— Si, mais je ne pouvais pas repêcher mes papiers.

— Vous regrettiez donc de les avoir jetés?

— Non je ne regrettais pas.

— Vous étiez donc soulagé?

— Si c'était aussi simple que ça... 20

— Que voulez-vous dire?

— Ce n'était pas parce que j'avais raté une première fois que je ne pouvais pas recommencer... est-ce qu'il me fallait recommencer... toutes ces choses elles étaient encore là, là... je pouvais peut-être.

— N'avez-vous vraiment pas retenté l'expérience? 25

— Je vous ai dit que non.

— Pour la seule raison que vous ne saviez pas écrire?

— Oui et ensuite il est mort, ce n'était plus la peine... (*Un temps*) Tout à coup j'ai vu que ce n'était plus la peine... j'avais passé tout ce temps à me tromper... la vérité c'était qu'il était mort... qu'est-ce que je pouvais... 30

ALBERT CAMUS

In the multiple roles of novelist, philosopher, playwright, and critic, Albert Camus has established himself as one of the cultural leaders of our time. In a world of injustice and absurdity, he pleads for an enlightened humanism and for happiness.

Camus was born at Mondovi, Algeria, in 1913; he died in France in an auto accident in 1960. His parents belonged to the working class, and he grew up in poverty. Thanks to the efforts of a teacher, he won a scholarship to the *lycée,* and later earned his own living while studying philosophy at the University of Algiers. For several years he led an experimental theater group, and then, in 1938, he started to work as a journalist for an Algiers newspaper. One year later, he went to Paris as a journalist. That same year he volunteered for military service, but was rejected because of his health — he had never fully recovered from an attack of tuberculosis during adolescence. The violent love of life which runs throughout his work is at least partly due to his constant struggle against death and suffering.

When Camus went to Paris, he had written *L'Envers et l'endroit* (1937), and *Noces* (1938), which appeared in Algiers. During the German occupation of France, Camus was active in the Resistance movement. It was during that time that his first important works were written. *Le Mythe de Sisyphe,* a philosophical essay, and the novel *L'Etranger* appeared in 1942. These works, as well as his much-discussed editorials in *Combat,* attracted wide attention. Two plays, *Le Malentendu* and *Caligula,* were performed in 1944 and 1945 respectively.

Until the end of World War II, Camus is preoccupied with the concept of the "absurd." He uses the expression to define the paradox of man's search for meaning in a meaningless universe. He also uses it to portray man's condition in the natural world, where life is constantly threatened by death and disease, and he refers to totalitarian regimes where wars and tyranny are inflicted on the people. Man alone is not absurd, nor is the world; absurdity lies in their coexistence. *Le Mythe de Sisyphe* defines the absurd hero. Sisyphus is lucid and knows that his labor is useless. He is aware that the rock he carries uphill will fall down when he reaches the summit. Yet the greatness of Sisyphus is that he is stronger than his fate, because he is happy in spite of his plight. Meursault, the protagonist in *L'Etranger,* is also happy, enjoying the simple pleasures of everyday life. At the end, even the indifference of the world seems "tender" and "fraternal."

It is with the "chronicle" novel *La Peste* (1947) that Camus embarks on a philosophy of revolt against the absurd, and particularly the manmade "abstractions et les terreurs" of evil and injustice. Plague strikes the city of Oran. Rieux, the doctor and chronicler, enlists the help of other men of good will, and together they fight the disease. Thus Camus advocates human charity and brotherhood based on a silent determination to create a new image of man. Man's dignity lies in the struggle against forces that threaten this humanity.

In the long historical and philosophical essay *L'Homme révolté* (1951), Camus explains his conception of the rebel. In man's revolt against evil, whether cosmic or human, he sees a hope for humanity.

For Camus, the "plague" is any force that denies man freedom in the name of an abstraction — a totalitarian regime, or subjugation to an ideology. The radio play *Les Silences de Paris* also describes such a plague. Camus emphasizes that this is the blight any totalitarian government inflicts. Yet even the pressure and noise of such a regime cannot wipe out the resistance of the people, a resistance which finally brings an end to the plague. As in *La Peste,* we have a narrator who describes these events in an objective, dispassionate way and who becomes part of them at times. His double function provides both a personal and a general point of view. Although this narrator seems humble when compared with Rieux in *La Peste,* he is also dignified.

In the play *Les Justes* (1949), the collection of stories *L'Exil et le royaume* (1957), and the novel *La Chute* (1956), we find themes we already know, but in addition Camus adopts a more encompassing view of human life and a greater capacity to feel the underlying tragedy of man's existence. The appraisal he offers, as in all of his works, is both sympathetic and sober, giving the impression that "there is more to admire than to despise in man." Thus, hope is justified, as Camus states in his preface to *Les Silences de Paris,* reprinted in full below.

Camus' principal writings include *L'Envers et l'endroit* (1937), *Noces* (1938), *L'Etranger* (1942), *Le Mythe de Sisyphe* (1942), *Caligula* (1944), *Le Malentendu* (1944), *La Peste* (1947), *L'Etat de Siège* (1948), *Les Justes* (1950), *Actuelles I, II, III* (1950-56), *L'Homme révolté* (1951), *L'Eté* (1954), *La Chute* (1956), *L'Exil et le royaume* (1957).

LES SILENCES DE PARIS

Avant-propos

Cette émission est constituée dans sa plus grande partie par des documents sonores retrouvés dans les archives radiophoniques.

Nous croyons utile de préciser que, malgré leur caractère, ces documents n'ont pas été utilisés dans une intention polémique. Ils font désormais partie d'une histoire que nous pouvons déplorer mais dont nous ne pouvons pas faire qu'elle n'existe pas. Tous les noms des personnes vivantes y ont été supprimés. Il reste donc des faits sonores, à l'état brut,[1] et chaque auditeur peut en conclure ce qu'il voudra. En ce qui concerne les auteurs de cette émission, ils ne reconnaissent qu'une vertu à leurs documents, celle de donner une image fidèle de ce qu'on pourrait appeler l'occupation sonore,[2] telle que nous l'avons connue pendant quatre ans, mais telle aussi que les peuples du monde la connaissent, aujourd'hui comme hier, dès l'instant où un Etat se mêle de mettre de la logique dans leur vie.

Simplement, à travers les manifestations tonitruantes de ce

[1] **à l'état brut** in the original version
[2] **l'occupation sonore** the sounds of the Occupation

nouvel art de gouverner, il est toujours possible de distinguer la petite voix tranquille de ceux qui aiment et souffrent. On la reconnaîtra dans cette émission. C'est elle qui dure tandis que les empires passent. Tout le vacarme des armées et des polices[3] n'est jamais parvenu à l'étouffer. Elle
5 résiste et, résistant, elle justifie l'espoir.

[3] **polices** laws and their enforcement

personnages

SPEAKER
LE BOUQUINISTE
1ère FEMME
2ème FEMME
VIEIL HOMME 5
JEUNE HOMME
DES VOIX

Séquence 0

Générique.[1]

SPEAKER. — La Radiodiffusion Française présente:

Musique — Départ d'une phrase musicale très lourde, large, qui 10
monte, s'épanouit et finit anxieusement.[2] *Puis, dans un grand silence...*

[1] **générique** production credits and cast
[2] *Anxiety was caused by the presence of the German army and the possibility of unannounced Gestapo search and arrest.*

Bruitage. Départ d'une, puis deux, puis toute une orchestration de sirènes d'alerte.[3]

Quand le silence s'est fait à nouveau:

SPEAKER. — Les Silences de Paris...

5 *Bruitage: en fond sonore, sous le générique.*

Texte d'Albert Camus.
Collaboration artistique et documentation de Nicole Vedrès.
Musique de Pierre Capdevielle.
Production Paul-Louis Mignon.
10 Réalisation de Maurice Cazeneuve.

Un fiacre au pas... une cloche au loin... le chant martelé[4] *très loin d'une patrouille allemande... Le passage du métro... et, d'une façon générale, mille bruits vides qui faisaient la qualité des Silences de Paris...*

15 *Musique: et aussitôt après les derniers mots du speaker, très rapide vague musicale qui noie les bruits du générique et finit d'une manière imitative dans le bruitage du rideau de fer*[5] *qu'on abaisse à la hâte, bruitage qui marque le début de la:*

Séquence I

Bruitage: Rideau de fer une fois, deux fois, trois fois...

20 LE BOUQUINISTE. — Nous étions les plus forts.[6] Nous avions coupé une

[3] *siren alert for allied bombers, both feared and welcomed*
[4] **le chant martelé** *the chopped singing in time with the German goose step, a stiff-legged parade step*
[5] **rideau de fer** *store-front gates, lowered at night and at time of danger*
[6] **Nous étions les plus forts.** *Refers to a propaganda poster with the slogan* "Nous vaincrons parce que nous sommes les plus forts." *On the poster was a map of the world showing how large the French and British empires were, compared to the small area occupied by Germany.*

route en fer[7] et forgé l'acier de la victoire dans le brasier des combats, colmaté des poches sur[8] un front où il n'y avait apparemment que des trous, redressé sur la Marne une situation dont on n'avait jamais su qu'elle avait fléchi[9] et nous préparions posément un nouveau miracle sur la Loire.[10] Le résultat c'est que, dans le 6ème arrondissement, les commerçants baissaient les rideaux de fer de leurs magasins. Ils n'avaient vraiment que cette idée en tête: partir. Ils ne savaient pas où, mais ils voulaient partir. Ils en avaient assez d'être bien informés.[11] 5

Rideaux. 10

Moi aussi, j'en avais assez mais je suis resté.[12] On dira que c'était une autre idée fixe. Ce n'est pas sûr. Quand on est épicier, on peut quitter sa moutarde, on n'est pas attaché. Mais quand on est bouquiniste, comme moi, on a une amitié pour ce qu'on vend. Mon dictionnaire de Bayle,[13] par exemple, l'édition de Rotterdam en 3 in-octavo,[14] personne n'en veut, bien sûr, on préfère lire "Paris-Soir".[15] Moi, il m'attendrit et je ne serais pas arrivé à le quitter. Mon voisin l'encadreur a été le premier à partir et je conviens que c'est normal. Il y a toujours des gens pour ne pas être là dans les grandes occasions.[16] Mais qu'il parte, c'était une raison de plus pour que je reste. Il a la lèvre mince et il prend trop de médicaments, je préfère le voir de loin. Et puis, il y avait ma femme. C'est le genre qui ne peut pas se décider. Les seules fois où je l'ai vue heureuse, c'est quand un autre a pris la décision pour elle. 15 20

[7] **une route en fer** *refers to the temporary allied defense of the iron mines in Norway*

[8] **colmaté des poches sur** we closed gaps on

[9] **redressé sur la Marne une situation dont on n'avait jamais su qu'elle avait fléchi** we reestablished on the Marne a position which no one had known was lost; *refers to the skillful style of the French war communiqués, which yielded the scope of the French defeat only by comparison*

[10] *After the fall of Paris, the French government claimed that liberation armies were south of the Loire river.*

[11] *ironic*

[12] *Nearly everyone temporarily left Paris shortly before the Germans arrived, hoping that the invaders would be beaten back.*

[13] **Pierre Bayle** (1647-1706) *French rationalistic philosopher. His chief work was a biographical dictionary,* Dictionnaire historique et critique.

[14] **in-octavo** *a book of sheets folded each into eight leaves; hence, a certain size of book so made*

[15] **"Paris-Soir"** *daily newspaper, printing sensational stories*

[16] **les grandes occasions** significant events

Le jour de notre mariage par exemple, ou l'année dernière, quand le petit a déclaré que maintenant qu'il avait douze ans, il était un homme et qu'il ne fallait pas le cramponner en l'obligeant à rentrer tôt le soir. Moi ça m'était égal, j'ai appris l'art d'être père dans Montaigne[17] et dans Rousseau[18] et puis, je suis pour la liberté. Mais elle, c'est une mère, après tout. Eh bien, non, elle était contente. Une brave femme d'ailleurs, plutôt affectueuse, mais à l'usage,[19] je me suis aperçu qu'elle avait oublié d'être intelligente. Bref, nous sommes restés pendant que les autres fermaient boutique.[20]

Bruit de rideaux.

C'est une curieuse époque qui a commencé alors. Il y en a qui disent maintenant que c'était le bon temps. On sait ce que c'est, le général trouve toujours que la soupe est bonne.[21] Mais ce n'était ni le bon ni le mauvais temps.[22] C'était l'absence de temps. Ou encore un temps sans couleur et sans dates, un temps où l'on remontait son réveil tous les soirs, mais où le calendrier était faux. Il n'avançait pas comme d'habitude de Janvier en Décembre; sans manquer une semaine. Non, on revenait en arrière et puis on faisait des bonds d'espoir en avant. C'était aussi un temps avec des tas de murs qui le coupaient dans tous les sens. Et vers la fin, c'était un temps circulaire, comme la promenade des condamnés, le soir, dans les cours des prisons. On ne s'y retrouvait plus.[23]

Piétinement.

Comme j'avais le loisir de réfléchir, j'ai réfléchi. De tout ce qui s'est passé pendant ce temps-là, et dont les journaux étaient pleins,

[17] **Michel Eyquem, seigneur de Montaigne** *(1533-1592) French essayist*

[18] **Jean-Jacques Rousseau** *(1712-1778) French philosopher, author, and political theorist. In his pedagogical novel* Emile, *Rousseau advocates that the child be given an opportunity to develop his natural gifts. Like Montaigne, Rousseau requests that the student's "textbook" be the world.*

[19] **à l'usage** after living with her for several years

[20] **fermaient boutique** closed shop

[21] **le général trouve toujours que la soupe est bonne** *literally,* the general always finds the soup good, *i.e., life is always good for the man on top. The Frenchman's main topic of conversation was how happy he had been, how well he had eaten before, and how happy he would be, how well he would eat after the war. He was trying to ignore the present.*

[22] *In spite of the German occupation, the daily routine of most people did not change very much.*

[23] **On ne s'y retrouvait plus.** You no longer knew where you were.

je n'ai à peu près rien vu. Et pourtant, j'ai appris qu'il s'était passé beaucoup de choses. J'ai pensé un moment que je n'avais pas le don. Mais finalement les autres non plus n'ont pas vu grand chose. En revanche, on a beaucoup entendu. Et c'est à ça que j'ai réfléchi... Vraiment, on nous a gâté les oreilles. A cette époque, 5 on aurait payé pour être sourd. Mais rien à faire.[24] Ceux d'en haut, les élites, n'arrêtaient pas de hurler et de s'expliquer par-dessus les frontières.[25] Nous autres, ceux d'en bas, on se taisait plutôt. Ou si l'on parlait, c'était pour dire des petites choses. Sur les grandes on était silencieux. A mon avis, c'est ainsi que cela s'est passé. 10

Quatre années! Et dans le ciel, un formidable vacarme d'avions, de sirènes, de radios et de mensonges. Quatre années! et sur les pavés de Paris le léger piétinement des modestes que nous étions, le murmure des convalescents, les grands espaces de silence, le sommeil malheureux. Tout bien réfléchi, je ne sais pas si c'était un 15 bon ou un mauvais temps. Mais je sais que c'était un temps pour l'oreille. Il a fallu s'adapter et changer nos idées sur le bien et sur le mal. Il a fallu se faire, si j'ose dire, une morale acoustique. Ce qui était bien, c'est ce qui se taisait. Ce qui était mal, on l'entendait de loin et à longueur de journées et de nuits. Et la preuve 20 c'est qu'après les rideaux, les ennuis ont commencé tout de suite dans le bruit. C'était sur le pont d'Austerlitz[26] (une victoire!) où tous les encadreurs[27] de Paris s'étaient donné rendez-vous, en voiture, pour aller encore plus vite s'informer sérieusement[28] à Bordeaux.[29] Alors, forcément, ils ont fait de l'embarras. 25

Exode. Embouteillage sur un pont. Klaxons, moteurs qu'on emballe au point mort, chocs, sifflets.

DES VOIX. — Avance, punaise!

[24] **rien à faire** nothing could be done
[25] *The German-controlled French radio and the British radio used by General de Gaulle were trying to influence the French people.*
[26] **le Pont d'Austerlitz** *bridge in Paris; an excessive detour contrasting Napoleon's victory at Austerlitz with the present defeat*
[27] **les encadreurs** *i.e., all persons who left*
[28] *Ironic. The French government was cut off from the French troops and more incapable than ever of giving accurate news.*
[29] **Bordeaux** *city in southwestern France where the government took refuge after the fall of Paris*

— Quand on n'est pas capable de tenir un volant, on prend un taxi !

— Va repriser les chaussettes de ton mari ![30]

— On n'en sortira pas !

5 — Et les flics, qu'est-ce qu'ils foutent !

— Des flics, bon Dieu ![31]

Fondu jusqu'au silence. Deux ou trois devantures. Silence.

LE BOUQUINISTE. — Nous sommes restés entre nous, comme aux vacances.[32] Une seule chose était changée: les chiens. Car c'était 10 aussi un temps à mettre les chiens dehors,[33] il faut croire. Il y en avait, dans le sixième,[34] qu'on avait abandonnés pour avoir la place du matelas dans la B.14,[35] et qui hurlaient au creux de la journée.[36]

Aboiements.

Moi, je n'aurais jamais laissé Prosper. Prosper, c'est le chat. Nous 15 nous sommes serrés autour de lui.

Mais nous ne sommes pas restés longtemps en famille,[37] le vacarme est revenu. Cette fois-ci, c'était organisé. Ce n'était pas du bruit mais du bruitage, comme disent les nouveaux. Il y avait un metteur en ondes.[38]

20 *Crescendo.*

Une motocyclette 2–3.

Une auto-mitrailleuse 2–3.

Marée[39] de tanks et d'autos-mitrailleuses.

[30] *unkind reference to women drivers*

[31] *People were upset, exchanged insults, and pleaded for policemen.*

[32] *Paris was empty as it was during the August vacation, except that everyone had abandoned the dogs.*

[33] *The usual expression is* "Il fait un temps à ne pas mettre un chien dehors," *meaning "the weather is so bad that you would not have the heart to leave a dog outside."*

[34] **le sixième (arrondissement)** the sixth district; *Paris is divided into twenty* **arrondissements**

[35] **pour avoir la place du matelas dans la B.14** to have room for the mattress in the B.14 (*a car*)

[36] **hurlaient au creux de la journée** howled in the middle of the day

[37] **rester en famille** remain among ourselves

[38] **un metteur en ondes** radio program producer

[39] **marée** swarm

Tambours — musique — pas rythmés[40] *— Haut-parleur avec annonce en français accentué à l'allemande.*[41]

Tout de suite après le metteur en ondes on a fait parler une de nos élites pour nous expliquer que ceci était sans doute malheureux mais que nous étions fautifs et que dans tous les cas, on allait nous faire un cadeau. 5

Message Pétain: 1 phrase.[42]

A mon avis, il y avait de la complicité.[43] Mais il a fallu se faire une raison.[44] Plus tard, on a su qu'un autre avait parlé et qu'il avait dit le contraire. Mais à l'époque, le Commissaire de la rue de l'Abbaye qui avait un poste plus fort que le mien, m'a seulement raconté le discours de Churchill. J'aime bien Churchill parce que, dans le quartier, on dit que je lui ressemble physiquement. Eh bien! Celui-là avait trouvé la formule. Il nous a souhaité bonne nuit.[45] 10 15

Fin du discours de Churchill.[46]

Et la nuit a commencé, en effet. Mais on ne le savait pas encore. Ce qu'on a su tout de suite, c'est qu'on avait mal vécu jusqu'ici et que tout désormais allait être organisé. En particulier, on avait beaucoup trop mangé. Du reste, nos visiteurs étaient corrects[47] et savaient vivre. Ils nous ont donné des concerts et ont consommé de la Valse Viennoise.[48] Le vendredi, jour maigre,[49] le menu comportait du Wagner.[50] 20

[40] **pas rythmés** in step, *i.e., the goose step*
[41] **accentué à l'allemande** with a German accent
[42] *Refers to Pétain's address* "Je fais à la France le don de ma personne." *In the same speech he also said that the French were largely responsible for their defeat. Henri Philippe Pétain (1856-1951) was marshal of France. In World War II, he was "chief of state" at Vichy, in unoccupied France. The Vichy Government was fascistic and tried to collaborate with Germany.*
[43] **il y avait de la complicité** there was collusion
[44] **se faire une raison** to make the best of a bad job
[45] **nuit** night, *but also "dark ages" of the Occupation*
[46] *refers to Churchill's speech to the French nation on October 21, 1940*
[47] *German soldiers were usually polite in their day-to-day contacts*
[48] **consommé** consumed; *also bringing to mind* consommé, *the soup, and* Valse Viennoise, *particularly* consommé Vichyssoise
[49] **jour maigre** meatless day
[50] **Richard Wagner** *(1813-1883) German composer of operas*

Un concert aux Tuileries.

Les soldats arrivent au pas cadencé. Ils se rangent. Arrivée du chef d'orchestre. Claquement de talons. "Achtung".[51] *Claquement de la baguette*[52] *sur le pupitre. Silence. Toux rares dans le public grèle.*[53]
5 *Et en opposition: la plus sucrée des valses.*

Du coup, les commerçants sont revenus. L'encadreur aussi, hélas. C'est avec des valses qu'on attire les encadreurs, il faut croire.

Bruit de rideaux qui se lèvent.

Mais les marchandises ne sont pas revenues en même temps.[54]
10 Elles sont restées où elles étaient. En revanche, les cartes et les inscriptions sont arrivées. Et dans la rue Jacob, tous les matins de ce bel été, a commencé une petite cérémonie qui devait durer quatre ans.

Une queue.

15 *Bennes des ordures qui passent. Heurts des bidons de lait.*

DES VOIX. — Alors quoi?[55]
— T'en fais pas, petite mère, t'auras des croissants![56]
— Ah! dis donc,[57] les croissants, tu te souviens?
— Oui, avec tellement[58] de beurre que ça tachait les doigts!
20 — Et puis c'était tout le temps en miettes, toutes ces miettes perdues!
— Moi, je mangeais les cornes d'abord, pour garder le mou du milieu.
— Moi, je gardais les cornes pour les tremper.
25 — Dans le café crème, vous vous rendez compte!

[51] **Achtung!** (*German*) Attention!
[52] **claquement de la baguette** tapping of the baton
[53] **le public grèle** sparse audience
[54] *The shortage of food made ration cards, which were good at only one store, necessary.*
[55] **Alors quoi?** (*familiar*) What's going on? *A remark of annoyance because of pushing in line.*
[56] **(ne) t'en fais pas, petite mère t(u) auras** *don't get excited, lady, you'll get; colloquial omission of* **ne.** *When such an omission occurs, the correct word is given in parentheses.*
[57] **dis donc** say
[58] **avec tellement** (*familiar*) *should be* **tellement couvert**

— On a été trop heureux. C'était pas normal ![59]
— Alors, il va se décider ?[60]

Volets qu'on décroche. Loquet.

— Pas de bousculade ! Les prioritaires à droite.
— Elle est prioritaire, celle-là ? 5
— Elle doit être enceinte[61] mais ça ne se voit pas encore.
— C'est pas régulier.[62] On devrait pas[63] être prioritaire sans que ça se voie.
— Et puis, à quoi ça sert qu'on soit prioritaire, si tout le monde devient prioritaire ? 10
— T'en fais pas.[64] Ils ont leurs idées là-dessus.
— Qui ?
— Eux.

Silence.

— Pourvu que j'aie le temps d'aller faire la queue aux légumes.[65] 15

LE BOUQUINISTE. — J'écoutais de ma fenêtre. Derrière moi, les élites parlaient déjà beaucoup plus fort.

Mixing 365 A–571 X[66]*–renforcé.*[67]

Alors, revenu dans la pièce,[68] il fallait bien parler plus bas.[69]

Bruit de repas. 20

DES VOIX. — C'est tout ?
— Oui, il n'y a pas eu de distribution de viande aujourd'hui.
— Ah !

Silence.

[59] **c(e) (n') était pas normal**
[60] **il va se décider?** is he going to open his store or not?
[61] *Expectant mothers had priorities.*
[62] **c(e) (n') est pas régulier**
[63] **on (ne) devrait pas**
[64] **(ne) t'en fais pas**
[65] **Pourvu que j'ai le temps d'aller faire la queue aux légumes.** *I hope I have enough time to go to the vegetable store and join the line there.*
[66] *refers to tapes with voices of French fascist militia on the street, and the noise of loudspeakers*
[67] **renforcé** increased
[68] **la pièce** the room
[69] *It was dangerous to express one's thoughts in public.*

— Emile, ne laisse pas sortir Prosper.
— Pourquoi?
— A cause de l'encadreur.
— Qu'est-ce qu'il a celui-là encore?
5 — Ça fait trois fois qu'il regarde Prosper d'un drôle d'air.[70]

Silence.

— Tu veux du café?
— Du national?[71]
— Tu es fou. Bien sûr, du national.
10 — Oui, j'oubliais. Ça ne fait rien, c'est toujours quelque chose de chaud.
— Oui, ça soutient.

Silence.

— Qu'est-ce qu'il a dit, Churchill?
15 — Il a dit qu'il ne pouvait promettre que du sang, de la sueur et des larmes.

Silence.

— Qu'est-ce que tu dis?
— Rien.

20 *Bruit du réveil qu'on remonte.*

LE BOUQUINISTE. — Pendant ce temps, les élites faisaient des serments. On se tirait dans la figure un peu partout[72] dans le monde et les avions à réaction volaient à mille à l'heure. Eux,[73] ils mettaient un béret alpin, enfilaient crânement[74] des pantalons rayés et ils faisaient des
25 serments.

X 565 — encadré de bruits d'avions et de bombes.[75]

En somme,[76] c'était la concurrence aux avions. Un serment peut-il

[70] **d'un drôle d'air** in a strange way; *he considers eating the cat*
[71] **du(café) national** *French coffee made from roasted barley*
[72] **un peu partout** practically everywhere
[73] **eux** *refers to Frenchmen willing to fight with the Germans. They constituted the* Légion des Volontaires Français. **serments** *refers to their oaths of allegiance*
[74] **crânement** jauntily
[75] *against the background of airplane noises and bombs, a song of the French fascist militia*
[76] **en somme** in short

faire autant de bruit qu'un bombardement? Voilà la question que je me posais. Leur patron n'avait pas l'air de cet avis d'ailleurs. Il n'a jamais hurlé pour son compte. Il préférait le bavardage. Un modeste, quoi.[77] Mais il est vrai qu'il a bavardé si longtemps qu'on ne savait plus où se tourner pour ne rien entendre. Il nous avait fait don de sa personne, n'est-ce pas? Il y a des cadeaux qu'on ne peut pas refuser. Alors on l'avait sur les bras,[78] maintenant, on ne savait plus où le déposer. En attendant, il bavardait. Dans un sens, ça nous évitait d'aller voir Noël-Noël.[79]

Mixing: X 313–X 564–X 666.[80]

Ensuite, on passait aux choses sérieuses.

Alerte: sifflet du chef d'îlot:[81] *"Eh! là-haut!"*
Courses dans les rues. Bruit d'avion — bombardement. 2 bombes.

Après la pluie, le beau temps![82]

Une phrase du discours sur le bombardement.

Nous autres, soir après soir, nous continuions à remonter notre réveil. Il y avait des gens qui, soir après soir, frappaient aussi à la porte.

3 coups de la B.B.C.[83]

On les distinguait du bruit général: leur secret, c'est qu'ils savaient faire intime.[84] Mais finalement j'ai toujours préféré ces moments où dans la ville prisonnière, j'écoutais des silences complices.[85] Je fermais les oreilles au fracas d'en haut. Je n'accueillais que les bruits pacifiques qui nous rappelaient encore que les enfants existaient...

[77] **Un modeste, quoi.** A humble man, so to speak.
[78] **sur les bras** on our backs
[79] **Noël-Noël** *French comedian*
[80] *jumble of radio addresses of Pétain*
[81] **chef d'îlot** air raid warden of a small block; *he shouts to ask that the light be turned off because of the air raid alert*
[82] **Après la pluie, le beau temps.** *i.e.,* after the storm, the calm
[83] *signal identifying the B.B.C., to which the French listened to hear the news*
[84] **ils savaient faire intime** they knew how to reach us
[85] **des silences complices** silences concealing the plotting taking place. *The allied radio stations had to be tuned down. A silent apartment suggested that the B.B.C. was on the air, and that those who listened were accomplices.*

Sortie d'école — bruit des socques de bois.[86]

...que la beauté aussi existait. Une jolie fille vous réconcilie avec le monde. Eh bien! après plusieurs mois, quand le printemps du calendrier est revenu, nous nous sommes aperçus que les filles étaient jolies, sur leurs bicyclettes légères, avec leurs jupes fleuries[87] comme des corolles renversées. Ah! les beaux pistils!

Bruit de pneus sur le pavé gras[88] *et sonneries de bicyclettes.*

Mais ceci était encore trop bruyant, les enfants étaient promis aux bombes et les filles-fleurs[89] convoitées par tout un potager. Dans l'été qui venait, avec leur drôle d'heure retardée,[90] j'aimais ce moment du dîner où la ville était déserte en pleine lumière, et où, sur les carrefours vides, la paix des jours montait comme l'eau dans un bassin. Seul un fiacre...

Silence. Un fiacre.

C'était là nos grands moments. Je respirais enfin. Tout au fond du silence, il me semblait entendre le froissement des eaux de la Seine. Sous le ciel en panne,[91] tous les bruits dissipés, on pouvait enfin entendre son propre coeur.

Fiacre. Tic-tac du réveil.

La ville ensuite basculait tout entière dans la nuit, elle haletait un peu et nous rentrions en hâte retrouver les quatre murs[92] où les hurlements du monde déferlaient à leur tour.

Parasites[93] *— Radios lointaines rouillage*[94] *— Lambeaux de musique militaire et de discours.*

En surimpression:[95]

[86] *Since leather was scarce, shoes were made with soles of wood.*
[87] **jupes fleuries** flowered skirts
[88] **le pavé gras** wet pavement
[89] **les filles-fleurs** *an image of girls, seen as flowers*
[90] **avec leur drôle d'heure retardée** with their peculiar hour's difference in time; *should be* avancée, *since France was on German time*
[91] **sous un ciel en panne** under a sky where time had stopped
[92] **les quatre murs** *literally,* four walls, *i.e., one's own home*
[93] **parasites** static
[94] **radios lointaines brouillage** jamming of several far off stations. *The Germans tried to jam the British radio stations.*
[95] **en surimpression** in the background

Quelquefois de cet effroyable raffût, une nouvelle se détachait. Et même si nous étions au commencement de l'hiver, on croyait tout d'un coup au printemps.

Renforcement du bruit. Une phrase: "Hitler et Mussolini déclarent la guerre à l'Amérique." 5

Mais en fait, c'était l'hiver. Je n'avais qu'à me mettre à ma fenêtre pour le savoir.

Bruit de la fenêtre. La queue — Bruit sur les parapluies.

1ère FEMME. — Oui, Madame, il y en a[96] qui font du feu avec du papier dans un petit réchaud. Du papier, parfaitement, et ça cuit très bien 10 des nouilles, même des lentilles, n'importe quoi, aussi bien qu'au gaz... Vous faites des boulettes de papier, comme ça... Ah! naturellement, il faut rester à côté du réchaud tout le temps, remettre le papier, boulette par boulette, tant que ça cuit. Mais enfin, c'est pratique... 15

2ème FEMME. — C'est comme le Thé des Familles,[97] mon mari il fume ça dans sa pipe et c'est pas[98] mauvais, pas mauvais du tout. Ça ne vaut peut-être pas[99] le tabac, mais ça se trouve en pharmacie, dans cette zone-ci comme dans l'autre.[100]

1ère FEMME. — Dans l'autre zone, le DX,[101] vous savez, le DX du mois de 20 Mars, eh bien, il fallait pas[102] le jeter. En juillet, ça a donné droit à des sardines.

JEUNE HOMME. — Ça reviendra un jour, sardines et le reste...

Petit silence — Rafales de pluie.

VIEIL HOMME. — ...parce que vous y croyez, vous, au débarquement? 25

JEUNE HOMME. — Moi? bien sûr! ...Je crois à tout maintenant, vous comprenez. Avant, je ne croyais à rien. Mais alors on se sent seul, on peut plus causer quand on croit[103] à rien... Comme il faut vivre avec

[96] **il y en a** there are those
[97] **le Thé des Familles** *a combination of various leaves and flowers with medicinal properties, sold in pharmacies and not rationed*
[98] **c(e) (n') est pas**
[99] **ne vaut peut-être pas** is perhaps not as good as
[100] **l'autre** *i.e., the unoccupied zone. France was divided into two zones: the* zone occupée *and the* zone libre.
[101] **le DX** the DX ration coupon
[102] **il (ne) fallait pas**
[103] **on (ne) peut plus pauser quand on (ne) croit**

son temps, je me suis mis à croire à tout. Absolument à tout. Je crois au débarquement,[104] à la relève,[105] à Sainte Odile, aux armes secrètes, je crois à la route du fer,[106] aux biscuits vitaminés, au double jeu,[107] je crois au DX du mois de juillet qui nous donnera des fraises à la crème pour Noël, je crois à vos boulettes de papier, je crois qu'ils vont se mettre d'accord, le grand méchant loup[108] avec Papa Gâteau[109] et Papa Gâteau avec les trois Amis.[110] Je suis optimiste, quoi...[111] Non, mais blague à part,[112] j'y crois au débarquement. J'y crois parce que, eux, ils y croient aussi, et qu'ils ont peur, et qu'ils se préparent...

1ère FEMME. — Ça, c'est vrai, parce que Germaine, vous savez, la Germaine de la rue de Buci, eh bien, son Allemand, même qu'elle ne s'en cache pas[113] — quand il a vu la mer — c'était la première fois, par le fait, puisque la mer, ils ne l'ont pas chez eux — eh bien, il a pleuré, oui. Il est resté là, aux Sables-d'Olonne[114] et il a pleuré et il a dit: "Jamais on ne débarquera en Angleterre, c'est pas[115] possible." Oui, Madame, leur moral est ébranlé. C'est ce qui fait que dans leur journal "Le Pariser",[116] ils sont démoralisés. J'ai un Alsacien qui me le traduit parce que je prends souvent "Le Pariser" à cause du poisson, oui, pour emballer le poisson, c'est du papier qui tient.[117] Tenez, même pour vous protéger de la pluie...

Rafales de pluie.

LE BOUQUINISTE. — Nous attendions. Et plus nous attendions, plus les

[104] **débarquement** *refers to the landing of the allied liberation army*
[105] **la relève** *The Germans promised to free prisoners of war in exchange for voluntary civilian workers. This process was called* **la relève.**
[106] **je crois à la route du fer** I believe (in the importance) of the road to the iron mines (in Norway)
[107] **au double jeu** two-sided role, *i.e., collaborating and resisting simultaneously*
[108] **le grand méchant loup** the big bad wolf, *i.e., Hitler*
[109] **Papa Gâteau** *literally,* Father Cake, *i.e., Grandpa Pétain*
[110] **les trois Amis** *i.e., Roosevelt, Churchill, Stalin*
[111] **quoi** so to speak
[112] **blague à part** (*familiar*) no kidding
[113] **même qu'elle ne s'en cache pas** she doesn't even conceal, *i.e., that she has a German boy friend*
[114] **Les Sables-d'Olonne** *French town on the Atlantic coast*
[115] **c(e) (n')est pas**
[116] **"Le Pariser"** "The Parisian"; **Pariser** *is German*
[117] **qui tient** that lasts

élites s'énervaient. Et comme les élites de chez nous ne pouvaient rien faire, ils faisaient de la rhétorique.

Mixings: AN 2248–AN 2249–363 B.[118]

C'était une drôle de rhétorique sans points d'interrogation. Il y avait surtout des points d'exclamation, rarement des points de suspension. Mais il arrivait aussi que ces interminables discours qui remplissaient nos nuits trouvaient aussi à l'aube un point final.

Feu de peloton[119] *— Coup de grâce*[120] *en surimpression: "La patrie, c'est le petit village."*

Mais, bien entendu,[121] ils n'avaient pas voulu cela. Nous non plus, à vrai dire, et nous apprenions ainsi, bien avant eux, le prix des discours et qu'il arrive que les paroles se changent en balles. Il fallait donc se taire ou répondre par des balles. C'est ainsi que, pour la première fois, quelques points d'interrogation ont été jetés dans des discours imperturbables par le revolver de Colette.[122]

128–129–130–131.[123]

Moi, Colette, je connais ce nom d'abord par les livres. Alors, je n'ai jamais pu réunir sérieusement l'auteur du coup de revolver et celui de la *Retraite Sentimentale* (quel bouquin, entre parenthèses). Si bien que, malgré tout ce bruit, l'histoire est restée un peu abstraite. Que voulez-vous? Je suis ainsi fait que je n'ai pas d'imagination. Un visage, un visage seulement et je me mets en marche. Mais pendant ces quatre ans, pas un seul visage. Bien sûr, on avait débarqué[124] en Afrique du Nord, il y avait eu Stalingrad,[125] et El Alamein[126] et l'histoire a marché, puis reculé, puis avancé encore

[118] *tapes with speeches and announcements*

[119] **feu de peloton** shooting of firing squad; *French hostages were shot as reprisal for sabotage*

[120] **coup de grâce** finishing stroke. *The officer in charge fired a final bullet into the man's head to make sure he was dead.*

[121] **bien entendu** naturally

[122] *Refers to Colette's plot to kill Pierre Laval, the French politician, who held dictatorial powers in the Vichy Government. Colette was also the name of a famous writer.*

[123] *three shots*

[124] *refers to landing of American troops in Algeria in November, 1942*

[125] *battle of Stalingrad, September 1942, when the Germans were defeated*

[126] **El Alamein** *town in Egypt, on the Mediterranean coast, site of a decisive British victory in November, 1942*

à toute allure. Bien sûr, je sais ce que ça a représenté de haine et de sacrifices. Mais finalement que reste-t-il de vivant dans ma mémoire? Le balai;[127] c'était le dernier métro. Si vous le manquiez, vous étiez dans la nuit du couvre-feu. Et l'on ne vous manquait
5 pas. Comme ça m'est arrivé, le balai est resté plus vivant pour moi que les plus grandes batailles.

Couloir du métro — Sifflet — Galopade dans les couloirs. Employés qui crient. Portes du métro qui claquent. La rame passe. Galopade à nouveau "La vache".[128] Il l'a raté. Retour par les esca-
10 *liers, la bouche, la nuit silencieuse. Pas solitaire. Pas de sentinelle. Il se range. La patrouille s'éloigne. Pas solitaire plus précipité. Cordon.*[129]

En toutes choses c'était ainsi. Je crois pour finir que c'est ça la défaite. On est condamné à vivre de petites choses. Par exemple,
15 on savait qu'il y avait un front de l'Est et de prodigieuses tueries. On savait cela mais on connaissait surtout les illuminés qui en parlaient, les misérables qui s'étaient laissés aller à croire les autres, les bien parlants, ceux d'en haut. Naturellement, il n'y avait pas que des pauvres types. Il y avait les durs, ceux qui vivaient en marge[130]
20 jusque-là et qui apercevaient tout d'un coup l'avantage qu'il y a à être fonctionnaire quand on est gangster. Mais il y avait aussi ceux qui n'avaient pas le don. Il y a plusieurs manières de ne pas parler. L'une consiste à répéter. Ils répétaient ce qu'ils avaient entendu. Ça donnait des légionnaires, comme on disait alors, ceux
25 qu'on devait appeler les lampistes, plus tard, sans doute parce qu'on n'avait pas pu éclairer leur lanterne.[131]

368.

Comme disait l'encadreur, il y avait l'original et la copie, et c'était vrai pour tout ce que l'on entendait.

30 *L'original: chants allemands... et la copie: Waffen français.*[132]

[127] **le balai** *Literally,* the broom, *i.e., final subway train*
[128] **La vache!** (slang) *mild oath*
[129] **cordon** *A system through which the concierge can open the outside door without leaving his room at night.*
[130] **en marge** on the fringes (of society), *i.e., the members of the Resistance*
[131] **on n'avait pas pu éclairer leur lanterne** *they could not be made to see the light*
[132] **L'original: chants allemands . . . et la copie: Waffen français.** The original: German songs . . . and the copy: songs of the French fascist militia.

La Moustache: Hitler-Stalingrad... et le postiche: une phrase de Jean-Hérold Paquis.

Tout était double, et même l'espoir. On attendait le débarquement et on en avait peur.

DES VOIX. — Ils mettront tous les hommes sur les places de mairies, c'est sûr! 5

— Ils ne sont pas de force!

— Ils sont encore forts!

— Ils sont démoralisés, je vous dis. Et la preuve...

— La preuve, c'est qu'ils croient à la victoire! 10

— Ils ont des armes secrètes.

LE BOUQUINISTE. — C'est alors que le temps s'est arrêté et que pendant des mois tout est devenu bien clair: il n'y avait plus que les petites voix de Paris et le grand orchestre de la puissance.

Mixing: Résumé des bruits familiers déjà entendus, et par-dessus le mixing tonitruant cette fois de discours allemands, français, en toutes les langues, plus canons, sirènes, avions. 15

Jusqu'au jour où l'on a entendu distinctement quelque chose qui s'accordait à notre petite voix: "Aujourd'hui 1.449ème jour de la lutte du peuple français..." 20

Annonce du débarquement par la B.B.C. 6 juin 1944.

Et alors, le silence. Un silence de deux mois,[133] empli d'un bruit de verrous. Les verrous se fermaient de plus en plus rapidement. Ils allaient plus vite que la liberté.

Verrous de prison. Commandements allemands, bottes, etc. 25

Par-dessus tout cela, un appel qui se rapprochait de plus en plus.

Un seul canon — de plus en plus rapproché, puis assourdissant.

Alors les pavés eux-mêmes se sont mis à hurler.[134] Tout d'un coup, j'ai senti que ma langue se déliait. Et tous, autour de moi, ont commencé à crier. 30

[133] *The time elapsed between the landing (June 1944) and the liberation of Paris (August 1944).*

[134] *During the liberation of Paris, barricades were built with the street cobblestones.*

Disque: Saint Ambroise.[135]

Oui, c'est nous qui faisions tout ce bruit après quatre années de silence. Une terrible rumeur montait alors des pierres et des toits. Dans le ciel tranquille de Paris, elle rejoignait enfin l'interminable vocifération de l'Histoire. Et de vieilles armes jusque-là silencieuses, se mettaient à donner de la voix.

Bataille des rues.[136]

Nous apprenions alors que nos silences avaient été chargés jusqu'à la gueule. Que la grande voix, la seule grande voix qui donne un sens à la vie, n'avait jamais cessé de circuler parmi nous pendant tout ce temps, qu'elle avait parlé à sa manière dans notre patience, notre obstination à refuser ce qui devait être, notre entêtement à préserver nos pauvres grandeurs, O Paris dans ce bel été où toutes les balles sifflaient...

Coup de feu. Accordéon. Bruit de char. Communiqué de radio et la voix du poète: "C'est Paris, c'est Paris qui vous parle."

Mais il y en a d'autres qui ont fait de l'épopée avec ça. D'autres encore qui en parlent toujours et si on les en croit vraiment, il n'y a eu qu'eux. D'autres enfin qui disent que ce n'est pas vrai et que c'était le bon temps. Ça recommence d'une autre manière.

Mixing du discours O.N.U.[137] *dans toutes les langues.*

[135] **Disque: Saint Ambroise** Record: (The Bells of) Saint Ambrose
[136] **bataille des rues** street fighting
[137] **O.N.U.** *abbreviation for* Organisation des Nations Unies

Fin

ORAL QUESTIONS

FREDERIC-GENERAL

1. Comment Frédéric-Général se présente-t-il à l'auditeur?
2. Quel âge avait-il quand son père est mort?
3. A quelle époque remonte son amour pour Mabel?
4. Pourquoi part-il la première fois au Danemark?
5. Pourquoi revient-il?
6. A son arrivée, qu'apprend-il de la vieille servante?
7. Comment les O'Connel le reçoivent-ils?
8. Pourquoi les O'Connel ne sont-ils pas contents de Frédéric?
9. Que lui demandent-ils?
10. Pourquoi Mabel admire-t-elle le capitaine Powel?
11. Quelle est la décision de Frédéric?
12. Quelle est la réaction de sa mère quand il annonce sa décision?
13. Pourquoi ne réussit-elle pas à le convaincre?
14. A quel prix Frédéric devient-il général?
15. Quel est l'état de son armée?
16. Quelle est la réaction des gens de Dublin?
17. Quelles sont les ambitions de l'armée de Frédéric?
18. Quelle est la tenue de combat de Frédéric?
19. Que contient la boîte offerte par le géant à la mère de Frédéric?
20. Quel est le résultat de la première bataille?
21. Pourquoi les gens veulent-ils voir Frédéric après la bataille?

22. Pourquoi Mabel et ses parents n'osent-ils pas entrer chez lui?
23. Quelles sont ses intentions après la première bataille?
24. Pourquoi le géant cherche-t-il à empêcher le mariage de Frédéric?
25. Comment Frédéric harangue-t-il ses soldats?
26. Par quel moyen réussit-il à les faire partir seuls?
27. Comment Frédéric veut-il profiter de l'absence de son armée?
28. De quelle façon la cérémonie du mariage est-elle interrompue?
29. Comment Frédéric pense-t-il se débarrasser de son armée pour toujours?
30. Quels sont les ordres donnés pour la bataille?
31. Comment a-t-il gagné la bataille malgré lui?
32. Quels sont les sentiments de Mabel quand elle revoit Frédéric?
33. Comment la mère de Frédéric a-t-elle préparé la fuite des amoureux?
34. Où veulent-ils s'enfuir?
35. Où la tempête dépose-t-elle les amoureux?
36. Pourquoi sont-ils malheureux quand ils apprennent le nom de la ville?
37. Par quel moyen réussissent-ils à pénétrer dans la ville?
38. Qui consentirait à les marier?
39. Quand voudraient-ils le faire?
40. Qui avance vers la ville?
41. Quelles sont alors les craintes des amoureux?
42. Comment le géant a-t-il interprété la fuite de Frédéric?
43. Pourquoi Frédéric fait-il venir un serrurier?
44. Que fait-il pour que l'armée ne puisse pas sortir?
45. Qu'écrit-il sur la porte?

UNE LARME DU DIABLE

1. Que demande René Clair à l'auditeur?
2. Que demande-t-il aux paresseux qui ne voudraient pas se lever de leur siège?
3. Où la comédie se joue-t-elle, selon l'auteur?
4. Que font Alix et Blancheflor quand nous les entendons pour la première fois?
5. A quel moment de la journée sommes-nous alors?

6. Pourquoi l'ange gardien réveille-t-il Alix?
7. Dans quelle intention l'ange gardien achève-t-il le pavot d'Alix?
8. Que dit Jésus à propos des deux jeunes filles?
9. A quelle condition le bon Dieu veut-il accorder les âmes des deux jeunes filles en mariage aux anges gardiens?
10. Comment s'exprime la dévotion des deux jeunes filles envers la Vierge Marie?
11. Comment Satanas a-t-il réussi à pénétrer dans le Paradis?
12. Quelles personnes peuplent le Paradis, selon Satanas?
13. Par contre, lesquelles sont en enfer?
14. Quelles sont les conditions du pari entre Satanas et le bon Dieu?
15. Quel genre de musique le bon Dieu aime-t-il?
16. Quel est le premier déguisement de Satanas?
17. Où vont les jeunes filles le matin?
18. Sous quelle forme Satanas aborde-t-il les jeunes filles?
19. Pourquoi Alix n'achète-t-elle rien?
20. Comment Satanas, déguisé en jongleur, veut-il éveiller la curiosité des jeunes filles?
21. Pourquoi le jeune seigneur leur offre-t-il son bras?
22. Qui va à l'église selon Satanas?
23. Comment flatte-t-il Blancheflor?
24. Pourquoi laisse-t-elle tomber son livre de messe?
25. Qui intervient pour protéger Alix de Satanas, et comment le fait-il?
26. Qu'admire Blancheflor dans le livre de messe que lui offre Satanas?
27. Où voyons-nous les jeunes filles après la messe?
28. Puisque la rose symbolise la beauté, que représente le colimaçon?
29. Pourquoi le lapin regarde-t-il Satanas?
30. A quel propos Satanas veut-il se mêler à la conversation des jeunes filles dans le parc?
31. Quelle ruse Satanas emploie-t-il pour obtenir les rendez-vous?
32. De quelle origine prétend-il être aux yeux d'Alix?
33. Comment Blancheflor et Alix expriment-elles leur amour pour Satanas?
34. Que demande Satanas à Asmodée?
35. Quelle en est la conséquence?
36. Pourquoi Blancheflor dit-elle qu'elle a mal à la tête?
37. Depuis quand Satanas attend-il Blancheflor?
38. Que voudrait-elle revoir avant de partir pour toujours avec lui?
39. Comment Satanas viendra-t-il chercher Blancheflor?

40. Pourquoi Alix n'a-t-elle pas confiance en Satanas?
41. Pourquoi Alix voudrait-elle le consoler?
42. Pourquoi Satanas s'attendrit-il?
43. Qu'est-ce qui s'échappe de l'œil de Satanas?
44. Qu'ordonne à ce moment le Bon Dieu à Azraël?
45. Comment cette larme rafraîchira-t-elle Satanas?
46. Que propose la Vierge Marie?

C'EST VRAI, MAIS IL NE FAUT PAS LE CROIRE

1. Comment le narrateur rentre-t-il chez lui le soir?
2. Quel genre de boutiques y a-t-il dans le quartier où il flâne?
3. Quel magasin remarque-t-il en particulier?
4. Qu'y a-t-il dans les vitrines de l'antiquaire?
5. Qui aperçoit-il dans le magasin?
6. Quelle est l'apparence de l'homme?
7. Comment le narrateur appelle-t-il l'antiquaire?
8. Quel est l'âge de l'antiquaire?
9. Pourquoi le narrateur n'entre-t-il pas dans la boutique?
10. A son avis, qu'arriverait-il s'il entrait?
11. Qu'est-ce que les vieux amis du narrateur ont célébré il y a cinq jours?
12. Comment était le repas?
13. Quand le narrateur est-il parti?
14. Quel temps faisait-il?
15. Pourquoi entre-t-il dans la boutique?
16. Qui est-ce qu'il voit?
17. Pourquoi l'antiquaire est-il heureux de le voir?
18. Que raconte-t-il au sujet de sa femme?
19. Comment la décrit-il?
20. Pourquoi est-il malheureux?
21. Pourquoi veut-il que le narrateur l'aide?
22. Comment s'y prennent-ils pour transporter l'objet?
23. Comment le narrateur décrit-il l'horloge?
24. Qu'est ce que l'antiquaire explique pendant leurs efforts?

25. Quelles salles traversent-ils?
26. Qu'est-ce que l'antiquaire allume?
27. Pourquoi le narrateur a-t-il peur?
28. Pourquoi ne s'enfuit-il pas?
29. Quelle voix entendent-ils?
30. Pourquoi l'antiquaire est-il heureux?
31. Comment remercie-t-il le narrateur?
32. Avec qui l'antiquaire parle-t-il quand le narrateur l'aperçoit la prochaine fois?
33. Comment le narrateur comprend-il le clin d'œil de l'antiquaire?

INTERVIEW

1. Combien de temps après la mort de Mortin son ami a-t-il voulu écrire ses mémoires?
2. Combien de fois lui rendait-il visite du temps de son vivant?
3. Pourquoi n'a-t-il pas réussi à écrire ses souvenirs?
4. Pourquoi a-t-il jeté les essais dans le puits?
5. Qu'avait-il à dire sur la santé de Mortin?
6. Que faisait Mortin dans la matinée?
7. Comment prenait-il le café?
8. Qui faisait le travail à la cuisine et au jardin?
9. Par quel moyen allaient-ils au village?
10. Comment Mortin faisait-il ses commandes?
11. Combien Mortin payait-il son ami pour ses services?
12. Comment s'étaient-ils connus?
13. Quelle sorte de fleurs avaient-ils dans leur jardin?
14. Comment était le jardin?
15. Combien de pièces y avait-il dans la maison?
16. Où était le buffet?
17. Quels étaient les meubles du salon?
18. Qu'y avait-il au mur?
19. Que représentaient les tableaux?
20. Où Mortin écrivait-il?
21. Qu'est-ce qu'il écrivait?
22. Que savait l'ami au sujet de M. Mortier?

23. Qui venait voir M. Mortin ?
24. Comment l'ami explique-t-il que sa présence ne comptait pas ?
25. De quoi était composé le repas de midi ?
26. Pourquoi l'ami prenait-il plaisir à servir Mortin ?
27. Pourquoi Mortin n'a-t-il pas voulu loger son ami ?
28. De quoi et de qui Mortin parlait-il au repas ?
29. Comment la nièce était-elle ?
30. Pourquoi venait-elle le voir ?
31. Pourquoi Mortin a-t-il compté l'argenterie après la visite de sa nièce ?
32. Quels étaient les livres que Mortin consultait pour écrire ?
33. Combien d'heures par jour travaillait-il ?
34. Qui étaient les voisins ?
35. Qu'est-ce que l'ami a appris au Cygne ?
36. Comment la femme de Mortin était-elle morte ?
37. Comment l'ami explique-t-il ses difficultés pour rédiger ses mémoires ?
38. Pourquoi Mortin aurait-il renvoyé son ami ?
39. Pourquoi l'ami n'a-t-il pas recommencé à rédiger ses mémoires ?

LES SILENCES DE PARIS

1. Pourquoi le bouquiniste n'est-il pas parti comme tout le monde ?
2. Pourquoi n'aime-t-il pas l'encadreur ?
3. Où a-t-il appris l'art d'être père ?
4. Par quel moyen les élites se sont-elles expliquées au peuple français ?
5. Qui est Prosper ?
6. Qu'est-ce que Churchill avait souhaité aux Français selon le bouquiniste ?
7. Quels genres de concerts les Allemands ont-ils donnés ?
8. Où les marchandises sont-elles restées ?
9. Que fallait-il pour acheter la nourriture ?
10. Quelles personnes étaient servies les premières ?
11. Pourquoi le bouquiniste a-t-il peur de laisser sortir le chat ?
12. Qu'est-ce que Churchill avait promis aux Alliés ?
13. Que faisaient les élites françaises pendant ce temps ?
14. Quelle est la réaction du bouquiniste devant le fracas d'en haut ?
15. Que dit-il au sujet des jolies jeunes filles ?

16. Comment la femme fait-elle du feu avec du papier?
17. Qu'est-ce que les gens fument à la place de tabac?
18. A quoi le jeune homme croit-il?
19. Qu'est-ce que l'ami allemand a expliqué à Germaine quand il a vu la mer?
20. Pourquoi le bouquiniste se tait-il quand les élites parlent?
21. Pourquoi les gens ne veulent-ils pas manquer le dernier métro?
22. Comment appelle-t-on les gens qui répètent ce qu'ils ont entendu?
23. Combien de temps le silence a-t-il duré après l'annonce du débarquement?
24. Qu'est-ce que le peuple français apprend après que le silence a été rompu?

VOCABULARY

Omitted from this vocabulary are approximately the first 840 words of J. B. Tharp's *Basic French Vocabulary* (New York, Henry Holt, 1939), and most close cognates. Only the meanings found in the text are given. The following abbreviations are used:

f.	feminine
fam.	familiar language
m.	masculine
M.Fr.	modern French
o.s.	oneself
pl.	plural
qch.	quelque chose
qn.	quelqu'un
sl.	slang
s.o.	someone
s.th.	something

s'abaisser to lower, subside
abbé *m.* abbot
abdiquer to renounce
abeille *f.* bee
abîmer to damage
aboiement *m.* barking
abondant overflowing
aborder to approach someone, accost
absolu absolute
abstrait abstract
accabler to crush
accélérer to hasten
acclamer to cheer, acclaim
s'accommoder de to put up with
s'accomplir to take place
accordéon *m.* accordion
accourir to run up, hasten (upstairs)
s'accoutumer to accustom o.s.
accrocher to hang on, hook
accueillir to greet, welcome
acier *m.* steel
acompte *m.* installment, partial payment
adorateur *m.* admirer
s'adresser (à) to apply (to)
aduler to flatter, fawn upon
aérien airy
affaire *f.* business
affectueux affectionate
affolé alarmed, panic-stricken
affronter to confront, attack boldly
agacer to irritate
agent (de police) *m.* policeman
s'agiter to become agitated
agréable pleasant
ahurir to bewilder, flabbergast
aïeul *m.* ancestor
aiguille *f.* needle
aile *f.* wing
aise *f.* ease
aisselle *f.* armpit
ajonc *m.* gorse, furze
albâtre *m.* alabaster
alcool *m.* alcohol
alerte *f.* alarm
aligner to line up
allée *f.* path, way
allemand German
alliance *f.* wedding ring
allié *m.* ally
s'allonger to stretch out
allumer to light, kindle, inflame
allumette *f.* match
allure *f.* pace, speed, conduct
amant *m.* lover
ambiance *f.* surroundings, atmosphere, mood
ambre *m.* amber
âme *f.* soul
amer bitter
amical friendly
amiral *m.* admiral
amitié *f.* friendship
amoureux enamored, infatuated
ancêtre *m.* ancestor
ancien *m.* old one
âne *m.* ass
anéantir to annihilate, destroy
ange gardien *m.* guardian angel
Angleterre *f.* England
angoisse *f.* anguish
anneau *m.* ring
anniversaire *m.* birthday, anniversay
annonce *f.* announcement
annuaire *m.* yearbook, telephone book
anormale abnormal
anse *f.* handle (of an object)
antiquaire *m.* antique dealer
anxieux uneasy, anxious
apercevoir to perceive
apéritif *m.* appetizer, vermouth, bitters
apeurer to frighten
s'aplatir *fam.* to fall flat
appareil photographique *m.* camera
appartement *m.* apartment, room
appât *m.* bait
appel *m.* call
apprécier to value
apprenti *m.* apprentice
approbatif approving
appuyer to press
arbalète *f.* crossbow
arc *m.* arch

arc-en-ciel *m.* rainbow
archives *f.* record office, archives
ardent eager, ardent
argent *m.* money, silver
argenterie *f.* silverware, silver plate
arme *f.* weapon; — **à feu** *f.* firearm
armoire *f.* cupboard
arranger to settle, arrange
arrêt *m.* sentence, judgment; halt, stop
arrière! Away!; **en —** backward; — **-pensée** *f.* ulterior motive
arrière-petite-fille *f.* great-granddaughter; **arrière-petit-fils** *m.* great-grandson
arrondir to round off
arrondissement *m.* district
asperge *f.* asparagus
assagir to make wiser
assaillir to assail, assault
assaut *m.* attack
assidu steady, diligent
assiégé besieged
assourdir to deafen
atroce atrocious
attelage *m.* pair (of horses)
atteler to harness
attendant: en — meanwhile
attendrir to move, touch
attente *f.* hope
attirer to attract, draw
attraper to catch (up)
aube *f.* dawn
auberge *f.* inn
aubergiste *m.* innkeeper
aucunement in no way
audience *f.* hearing
auditeur *m.* listener
augmenter to increase
aumône *f.* alms
auparavant previously
aussitôt right away; — **que** as soon as
autel *m.* altar
auteur *m.* author
automitrailleuse *f.* light machine-gun tank
autrement else, otherwise
avancer to move forward, advance
avantage *m.* advantage
avantageux advantageous
aventure *f.* adventure
aveu *m.* confession
aveuglé blinded
aveugle *m.* blind man
avide eager
avion à réaction *m.* jet airplane
avis *m.* opinion, judgment
avisé circumspect
aviser to perceive

babouche *f.* turkish slipper
badin playful
bafouiller speak unintelligibly
bagage *m.* luggage
bahut *m.* chest, cabinet, cupboard
bain *m.* bath
baiser *m.* kiss
baiser to kiss
baisser to lower, let down
bal *m.* ball, dance
balai *m.* broom
balancier *m.* pendulum
balayer to sweep
balcon *m.* balcony
balle *f.* bullet
bande *f.* band, ribbon
barbu bearded
barre *f.* helm
barrer to bar
barreur *m.* man at the wheel, helmsman
bas *m.* hem
basculer to tip, rock
basilic *m.* basilisk (mythical lizard)
basse *f.* bass
bassin *m.* basin, bowl
bataille *f.* battle
battement *m.* swinging (of pendulum)
se battre to fight
bavardage *m.* chatter, chitchat
bavarder to chatter
bave *f.* slime

baver to slobber
béant gaping
beauté *f.* beauty
beaux-parents *m. pl.* parents-in-law
bec-de-cane *m.* lever handle (of shop door)
bedeau *m.* beadle
bénir to bless
bénitier *m.* holy-water basin
benne *f.* flat hamper bucket
béquille *f.* crutch
berceau *m.* cradle
bercer to rock
berge *f.* bank (of a river)
bergère *f.* easy chair
bête stupid
bêtise *f.* stupidity
beurre *m.* butter
bévue *f.* blunder
bibliothèque *f.* bookcase, library
bicéphale two-headed
bicorne *m.* cocked hat
bidon *m.* can
bien-aimée *f.* beloved
biscuit *m.* cookie
bistro *m., fam.* pub
bitume *m.* bitumen, asphalt
blaguer to joke
Blanche Neige Snow White
blême pale, wan
blêmir to grow pale
blotti huddled
bois *m.* wood, forest
boîte *f.* box
boiteux lame
bond *m.* jump
bondir to jump, spring
bonheur *m.* happiness
bonhomme *m.* simple, good-natured fellow
bordé bordered
botte *f.* boot
bouche *f.* mouth, subway entrance
boucher to cork, close
boucle *f.* buckle, curl
boucles d'oreilles *f. pl.* earrings
Bouddhiste *m.* Buddhist
bougeoir *m.* candlestick
bouger to move, budge, stir
bougie *f.* candle, taper
bouillir to boil
boulet *m.* cannon ball
boulette *f.* pellet
bouleversé upset
bouquin *m., fam.* book
bouquiniste *m.* secondhand bookseller
bourde *f., fam.* fib, falsehood
bourdonner to hum, buzz, whisper
bourgeoise *f.* middle-class girl, woman
bourreau *m.* murderer
bousculade *f.* rush
bousculer to knock over, jostle
bouter to put, place
boutique *f.* shop
bouton *m.* button
boyau *m., fam.* bowel
brailler to brawl
branle-bas *m., fam.* bustle, commotion
brasier *m.* fire of live coals
brave brave, worthy
bref brief, short
breuvage *m.* beverage, brew, drink
brick *m.* brig
bridé tied up, bridled
bride *f.* bridle
brièvement briefly
brillant brilliant, sparkling
briller to shine, glisten
brindille *f.* twig
brise *f.* breeze, wind
se briser to break
brocart *m.* brocade
brodé embroidered
broderie *f.* embroidery
brosse *f.* brush
brouhaha *m.* hubbub
bruitage *m.* sound effects
brûler burn
brusque sudden
bruyant noisy
buffet *m.* sideboard, dresser
buffle *m.* buffalo

Bulgare *m.* Bulgarian
bureau *m.* desk, office
buter to knock, to stumble over
butin *m.* plunder, spoils

çà et là here and there
cadavre *m.* corpse
cadeau *m.* present, gift
cadenas *m.* padlock
cadence *f.* rhythm
cadet *m.* younger son
cadre *m.* frame, framework, setting
cafetière *f.* coffeepot
caisse *f.* box, till
calciné burnt (to death)
calendrier *m.* calendar
caméléon *m.* chameleon
canaille *f.* scoundrel
canapé *m.* sofa; **— à pompon** *m.* sofa with fringes
canevas *m.* canvas
canne *f.* cane
canon *m.* cannon
canonnade *f.* gunfire, artillery fire
canonner to shell, attack with artillery
cantique *m.* hymn
cantonnier *m.* road mender, roadman
capon *m., fam.* coward
caracoler *fam.* to prance
carafe *f.* (glass) decanter
carillonner to chime
carnaval *m.* carnival
carré square
carreau *m.* pane
carrefour *m.* square, crossroads
carrière *f.* career
carrosse *m.* coach
carte d'alimentation ration card or book
carton *m.* box
casser to break
casserole *f.* saucepan
cavalier *m.* knight, cavalier
céder to yield
célèbre famous
célébrer to celebrate
célérité *f.* speed
cellule *f.* cell
centaine *f.* about a hundred
cercle *m.* ring, circle
cervelle *f.* brain
cesse: sans — continually
cesser to cease, stop
c'est-à-dire that is to say
chagrin *m.* grief
chaînette *f.* small chain
chair *f.* flesh
chalet *m.* Swiss cottage
chaleur *f.* eagerness, warmth
se chamailler *fam.* to squabble
champignon *m.* mushroom
chandelle *f.* candle
change *m.* exchange, change; **donner le —** to mislead, put on the wrong scent
chant *m.* song, singing
chantonner to hum, sing softly
chape *f.* cope
chapelain *m.* chaplain
chapelier *m.* hat maker
char *m.* chariot, tank
charge *f.* charge (military), job
chargé laden, loaded, entrusted with
charrette *f.* cart, carriage, wagon
chasser to fire, chase out
châtaignier *m.* chestnut tree
château *m.* castle
chaudière *f.* boiler
chaumière *f.* (thatched) cottage
chaussette *f.* sock
chauve bald
chauve-souris *f.* bat
chef d'orchestre *m.* conductor
cheminée *f.* chimney
cheminer to walk
chérir to cherish
chevelure *f.* (head of) hair
cheveu *m.* (single) hair
cheville *f.* cotter pin, ankle
choc *m.* noise, collision
chœur *m.* choir

choix *m.* choice; **au —** all at the same price
chrétien *m.* Christian
christ *m.* crucifix
chrome *m.* chromium
chuchoter to whisper
ci-contre here
ciel *m.* sky, heaven, firmament
cigale *f.* cicada
cil *m.* eyelash
ciment *m.* cement
cinname *m.* cinnamon; *M.Fr.* **cannelle**
circonvolution *f.* circumvolution
circulaire circular
circuler to circulate, go about
cire *f.* wax
citadin *m.* townsman
cité *f.* (large) town
civil: en — in civilian clothes
clairement clearly
clairon *m.* bugle
clamer to shout
clameur *f.* shout, clamor
clapotis *m.* splashing, rippling
claquement *m.* clicking, clapping
claquer to smack, bang
clarté *f.* brightness
classement *m.* sorting out, filing
classer to categorize
clavecin *m.* harpsichord
clé, clef *f.* key
client *m.* client, customer
clin d'œil *m.* wink
cloche *f.* bell
clochette *f.* small bell
se cloîtrer to confine oneself, enter a monastery or convent
clos closed
clou *m.* nail
cocher *m.* coachman, driver
cœur *m.* heart
coffre *m.* chest, trunk
coffret *m.* small box
cogner to knock
coiffeur *m.* hairdresser
col *m.* neck
colère *f.* anger
colimaçon *m.* snail
collège *m.* secondary school, high school, college
coller to press, to stick (paste)
collier *m.* necklace
colline *f.* hill; **mi-—** halfway up the hill
colombe *f.* dove
colonne *f.* pillar
colporter *fam.* to spread (news)
combat *m.* struggle, battle, fight
combattant *m.* fighter
combattre to fight
combler to gratify (wishes)
commande *f.* order
commandement *m.* commandment, order
commencement *m.* beginning
commerçant *m.* merchant
commerce *m.* commerce, business
commercer to trade
commettre to commit
commissaire *m.* commissioner, commissary, police chief
commission *f.* message, errand
commun common
communiqué *m.* news bulletin, official communiqué
compagne *f.* (female) companion
compagnon *m.* companion
compenser to compensate
complaisance *f.* complaisance, willingness to be obliging
comporter to require, comprise
compte *m.* account
comte *m.* count
concevoir to conceive
concierge *m. & f.* caretaker, janitor
conclure to conclude, settle
concurrence *f.* competition
condamné *m.* condemned (man)
condamner to condemn, block up
conduire to bring to, lead
confessionnal *m.* confessional
confiance *f.* confidence, reliance

confidence *f.* secret, confidence
confier to entrust
confondre to intermingle, confuse, confound, disconcert
conjuguer to conjugate, pair, combine
conjurer to entreat
connaissance *f.* acquaintance, friend,
conque *f.* sea shell, stoup
conquête *f.* conquest
consacrer to dedicate
conseiller to advise
consentir to consent, agree
conserver to preserve, keep
considérer to contemplate, regard
consigne *f.* order
consigner to record
consoler to comfort
consommer to consume
constater to observe, note, ascertain
contempler to look at, contemplate
contemporain *m.* contemporary
contenir to contain, restrain
contenter to content
conter to tell, relate (a story)
contourner to trace the outline (of)
contracter to acquire, contract
contraindre to constrain, oblige, force, restrain
contraire *m.* contrary
contrarier to annoy
contrat *m.* agreement
contrôler to check
convaincre to convince
convenablement appropriately
convenir to agree
convié invited
convoiter to covet
coquet coquettish
coquille *f.* shell
coquin *m.* rascal
corail *m.* coral
corbeille *f.* basket
cordage *m.* rope, cord
corde *f.* string (piano)
cordelier *m.* (Franciscan) monk
cordial cordial, hearty
cordon *m.* strand, line, cordon, twist
corne *f.* horn
cornichon *m.* pickle
corolle *f.* corolla
correspondre to communicate, agree, correspond
corriger to amend, correct
corset *m.* corset, girdle
cortège *m.* procession
côte *f.* shore, coast
côté *m.* side
coteau *m.* hill
cou *m.* neck
couche *f.* bed
coucher du soleil *m.* sunset
couler to flow
couloir *m.* passage, corridor
coup *m.* blow; **— de feu** gunshot; **— de grâce** finishing stroke; **du —** suddenly
coupe *f.* cup
couper to cut
coupure *f.* cut, crack
cour *f.* courtyard
courageux courageous
courbature *f.* cramp, aching
couronne *f.* crown
courrier *m.* messenger
courroux *m.* anger
course *f.* course, running, race
courtisane *f.* courtesan
coûte que coûte at any cost
couteau *m.* knife
coutume *f.* habit, custom
couvercle *m.* lid, cover
couvre-chef *m., fam.* headgear, head-dress
couvre-feu *m.* curfew
couvrir to cover
cracher to spit
craie *f.* chalk
cramponner to pester
crâne *m.* skull, cranium
craquer to crack, strike
creux hollow
crever *fam.* to die

cribler to riddle s.o. or s.th. (with bullets)
crier to scream
crieur *m.* newspaper hawker
se crisper to contract
cristal *m.* crystal
crochet *m.* bracket
croisée *f.* window casement
croiser (**le fer**) to cross (swords)
croissant *m.* crescent, roll
croquant *m., fam.* boor, clodhopper
se crotter to get dirty
croupe *f.* rump
cruellement cruelly
cueillir to nab
cuillère *f.* spoon
cuillerée *f.* spoonful
cuir *m.* leather
cuire to cook, boil
cuivre *m.* copper, brass instrument
cuivré copper-colored
culbuter to defeat, overthrow
cul-de-sac *m.* blind alley
cultiver to raise
curieux curious

daigner to condescend, deign
dame *f.* lady
danois Danish
danse *f.* dance
danser to dance
davantage more, longer
dé *m.* die (dice)
débarquement *m.* landing, debarkation
débarquer to disembark
se débarrasser to get rid
se débattre to struggle
débaucher to debauch
débit *m.* (retail) sale, utterance; **— de boissons** *m.* pub, bar
début *m.* debut, beginning
décamper to disappear
décapité beheaded
décevoir to disappoint
déchanter *fam.* to become less pretentious
déchirer to tear up
déchoir to fall (from high estate)
décidément definitely
déclamer to declaim
déclin *m.* decline, setting (of sun)
déconcerté embarrassed
déconseiller to discourage, dissuade
décor *m.* decoration, setting
découvrir to discover
décrire to describe
décrocher to take down
dédaigner to disdain
défaire to let down, unpack (suitcase)
déferler to unfurl, break
défiler to march past
définitivement definitely
dégager to disengage
déguiser to disguise, dress up
delà: au— beyond
délacer to unlace
délices *f. pl.* delight(s)
délier to untie, undo
délirer to rave, be delirious
délivrer to deliver, rescue
déloger to remove, drive away
démarche *f.* walk, gait
démarrer to move off, drive away, start (a vehicle)
se démener to struggle
demeure *f.* dwelling
demeurer to remain
demi-tour *m.* half-turn, about face
demoiselle *f.* young lady, (unmarried) woman
dénouement *m.* outcome
dénouer to undo, let down, loosen
dent *f.* tooth
se dépêcher to hurry
dépenaillé disheveled, ragged, tattered
dépité annoyed, vexed
déplacer to displace, move
déplaisir *m.* displeasure
déposer to deposit

déranger to disturb
se dérober to escape, steal away
se dérouler to unfold, develop
dérouter to puzzle
derrière *m., fam.* bottom, behind
désagréable unpleasant
désapprobateur disapproving
désert empty, deserted
désespérer to despair
se déshabiller to undress
désireux desirous
désoler to distress; **se —** to grieve
désordre *m.* disorder
désormais henceforth
dessin *m.* drawing
dessus on, upon; **au-—** above
destin *m.* fate
destinée *f.* fortune
détacher to unfasten, detach
détailler to divide up
dételer to unharness
détendre to relax
détester to hate, detest
détourner to turn away
deuil *m.* mourning (clothes)
devanture *f.* shopwindow
deviner to guess
dévorer to consume, devour
diable *m.* devil
diabolique fiendish, diabolical
dialoguer to hold a dialogue
diamant *m.* diamond
diantre! the deuce!
diaphane diaphanous
diffus diffuse
diriger to direct
discourir to discourse
discours *m.* speech
discuter to discuss
disque *m.* record
dissiper to dissipate, dispel
distinguer to distinguish, discern
distraction *f.* distraction, diversion, absent-mindedness
distraire to divert; **se —** to amuse o.s.
distrait absent-minded, inattentive
divaguer to ramble, digress
divertir to amuse
divin divine
divinité *f.* goddess, deity
doigt *m.* finger, toe
dolman *m.* jacket (of hussars)
domestique *f.* maid, servant
dominations *f. pl.* dominations (high order of angels)
dominer to rise above
dominicain *m.* Dominican
don *m.* gift, talent
doré golden
dorénavant henceforth
dos *m.* back
double twofold
doublure *f.* lining
doucement softly, sweetly, mildly
doucereux smooth-tongued, mealy-mouthed
douleur *f.* pain
douloureux sorrowful
douter to doubt
drapeau *m.* flag
dresser to erect, lay; **se —** to stand up
droit right, directly
drôle strange, funny
drôle *m.* funny fellow
duc *m.* duke
dur hard
durant during
durer to last

ébranler to shake, loosen
ébriété *f.* drunkenness
écarlate scarlet
écarquiller to open wide
écarteler to quarter
écarter to separate, take away; **s'—** to step aside
échauffer to overheat; **s' —** to get overheated, *fam.* to get excited
échelle *f.* ladder
éclair *m.* flash, lightning

éclaircir to clear (up); **s' — la voix** to clear one's throat
éclairer to light
éclatant brillant, loud, obvious
écorcher to scorch, skin, fleece
Ecossais *m.* Scotsman
écossais Scottish
s'écrouler to collapse, drop, fall
écu *m.* crown (coin)
éduquer to educate, rear, bring up
effacer to erase, eclipse
effilé slender
effluve *m.* emanation
s'effondrer to break down
s'efforcer to make an effort, struggle
effroi *m.* terror
effroyable awful
également likewise, equally, also
égard: à l'— (de) with respect (to)
s'égarer to lose one's way, get mixed up
égorger to slaughter
égorgeur *m.* slaughterer
élan *m.* bound, outburst
s'élancer to rush forward
élire to elect
élite *f.* elite, best (of a nation)
éloigner to remove; **s'—** to retire, go away, fade out
emballer to wrap up, race (a motor)
embarquement *m.* embarking
embarquer to embark
embarras *m.* trouble, holdup (of traffic)
embarrasser to embarrass
embaumer to perfume, scent
embouteillage *m.* congestion (of traffic)
embraser to set on fire
embrasser to kiss
embrocher to put (piece of meat) on the spit
s'embrouiller to get entangled, confused
émission *f.* broadcast, utterance
émoi *m.* excitement, agitation
émouvoir to move
empailler to stuff
empêcher to prevent
empester to infect, taint, make (place) stink
empesté foul
empierrer to pave
empire *m.* empire, sovereign authority
emplir to fill
emplumé feathered
emporter to carry away
s'empourprer to grow red
emprisonné imprisoned
emprunter to take (a route), borrow
encadreur *m.* picture-framer
encaustique *f.* wax polish
enceinte pregnant
encenser to flatter
encercler to encircle
enchanté delighted
encombrement *m.* crowding
encombrer to block, encumber
encontre: à l'— to the contrary
endolori aching
s'endormir to go to sleep
endroit *m.* place
énervé enervated
s'énerver to get nervous, get excited
enfance *f.* childhood
enfant de chœur *m.* chorister
enfariner to cover with flour
enfer *m.* hell
enfiler to pull on
enfoncer to drive in, sink; **s'—** to plunge
enfourcher to mount
enfreindre to break, infringe
s'enfuir to run away, flee
engloutir to swallow up
enivrer to intoxicate
enlacer to clasp, embrace
enlever to take away, remove
enluminer to illuminate (manuscripts)
ennemi *m.* enemy
ennui *m.* boredom, trouble

ennuyer to bother, bore; **s'—** to be bored
ennuyeux boring
enquête *f.* inquiry
enrager to be angry
s'enrouler to twist, wind
s'entendre to understand one another
entêtement *m.* stubbornness
entier whole
entonner to sing, strike up (a tune)
entour *m.* surroundings
entourer to surround
entraîner to drag along, carry away
entrechats *m. pl., fam.* capers (dancing)
entremêler to intermingle
entretien *m.* talk, conversation
s'entre-tuer to kill each other
envie *f.* envy, desire, longing
environner to surround
épais thick
s'épanouir to expand, swell
épaté *fam.* amazed
épaule *f.* shoulder
épée *f.* sword
épicier *m.* grocer
épier to spy
éplucher to peel
époque *f.* period, age
épouse *f.* spouse, wife
épouser to marry
épouvantable frightful
épouvanter to terrify, frighten
époux *m.* husband
s'éprendre to fall in love
éprouver to feel
épuisé exhausted
équilibre *m.* balance
équipage *m.* equipment, crew
erreur *f.* error
escale *f.* port of call, place of call
escalier *m.* stairs, staircase
escarboucle *f.* carbuncle
s'esclaffer to guffaw, shake with laughter
espace *m.* interval, space
Espagnol *m.* Spaniard
espérance *f.* hope
esprit *m.* wit, mind
essai *m.* essay, attempt
essaim *m.* swarm
essentiel essential, main point
essoufflé out of breath
est *m.* east
estimer to deem, consider
estropier to cripple
étage *m.* floor (of a house), story
étalage *m.* store window display
s'étaler to stretch oneself out, sprawl
éteindre to extinguish, put out
étendard *m.* standard (flag)
étirer to stretch
étoile *f.* star
étonner to astonish
étouffement *m.* suffocation
étouffer to stifle, choke, smother
étourdir to stun, daze, make dizzy
étourdissement *m.* dizziness
étrange strange
étranger *m.* stranger, foreigner
s'étranglant choking
être *m.* being
étreindre to embrace
étreinte *f.* grip
étrier *m.* stirrup
étriper to disembowel
étriqué stifling
euphorbe *m.* euphorbia, spurge
s'évanouir to faint
éveiller to awaken; **s'—** to wake up
éventail *m.* fan
évêque *m.* bishop
évidence *f.* obviousness
évident obvious, evident
éviter to avoid
évoquer to evoke
exagérer to exaggerate
exaltation *f.* excitement, exaltation
exalté exalted
excéder to wear s.o. out, overtax s.o.'s patience
excepté except

excessif excessive, undue, extreme
s'excuser to excuse oneself, apologize
exécuter to put to death
exiger to demand, require
exode *m.* exodus
expérience *f.* experience, experiment
explication *f.* explanation
exploit *m.* feat, exploit
exprès intentionally, on purpose
extase *f.* ecstasy
s'extasier to go into ecstasies
exterminer to annihilate
exulter to exult, rejoice

facette *f.* facet
se fâcher to become angry
facilité *f.* ease
fade dull
faillir to fail, err
fait *m.* act, achievement
fameux famous
fanfare *f.* fanfare, brass band
fanfaron *m.* boaster
fanion *m.* flag
fantaisie *f.* fantasy
farce *f.* farce, practical joke
fat foppish
fatal ominous
fatiguer to tire
faussement falsely
faute *f.* fault
fauteuil *m.* armchair
fautif guilty
fauve *m.* wild beast
fée *f.* fairy
féerie *f.* fairy play, enchantment
fêlé cracked
féliciter to congratulate
femelle *f.* female
fer *m.* iron
fermement firmly
ferré iron-shod
ferveur *f.* fervor
fesse *f.* buttock
fête *f.* feast
feu late (deceased)
feu *m.* fire, gunfire
feuille *f.* leaf, petal
feuillet *m.* leaf (of book), page
feuilleter to skim through
fiacre *m.* hackney coach
ficeler to tie with string
fidèle true, correct, faithful; **les fidèles** *m. pl.* congregation
figé set
figure *f.* face, figure
figurer to represent; **se figurer** to imagine, fancy
fil *m.* thread, string
filigrane *m.* filigree (work)
fille de joie *f.* harlot
filleul *m.* godson
Finlandais *m.* Finn
fiole *f.* phial
fixe fixed, firm
flamme *f.* flame
flanc *m.* side
flâner to stroll
flèche *f.* arrow
fléchir to bend, bow, give way
fleuriste *m. & f.* florist
flic *m., sl.* cop, policeman
foc *m.* jib
foi *f.* trust, faith
folie *f.* madness
fonctionnaire *m.* civil servant
fonctionner to work (be in working order)
fonder to base
fondre to fade; **se—** to melt
forban *m.* corsair, pirate
force *f.* force, power; **à — de** by dint of
forcément inevitably, forcibly
forêt *f.* forest
formel strict, formal, categorical
formidable terrific
formule *f.* formula, form, prescription
fortin *m.* small fort
fossé *m.* moat
fossette *f.* dimple
fou mad, crazy

fou *m.* lunatic
fouet *m.* whip
fougueux impetuous
foule *f.* crowd
four *m.* furnace
fourmilière *f.* ant hill
fournir to furnish
fournisseur *m.* tradesman (with whom one regularly deals)
fourreau *m.* scabbard
fourrure *f.* fur
foutre *sl.* to do
fracas *m.* clamor, heavy crash
fraîcheur *f.* freshness
frais fresh
fraise *f.* strawberry
franc frank
franchir to jump over, cross
frapper to knock, beat, strike
fraternel brotherly
frétiller *fam.* fidget, quiver
fripé crushed
fripouille *f., sl.* scoundrel
friser to curl
froissement *m.* rumpling, crumpling
froisser to offend
frôler to brush past
frontière *f.* frontier, border
fruitier *m.* fruit vendor
fuir to flee
fuite *f.* flight
fumée *f.* smoke
fumer to smoke, steam
fumier *m.* dung, manure
funeste fatal, deadly
fur *m.* rate; **au — et à mesure** progressively
fureur *f.* fury, anger
furieux furious
fusil *m.* rifle, gun

gâcher to spoil, ruin
gagner to reach, arrive at
gai happy, gay
gaillard *m.* merry fellow
galant gallant
galanterie *f.* politeness
galère *f.* galley
galopade *f.* galloping
gant *m.* glove
garantir to guarantee
Garde-à-vous! Attention!
garder to keep watch over, defend, keep; **se — de** to beware of
gardien *m.* guardian
garni trimmed
garnison *f.* garrison
gâter to spoil
gaz *m.* gas
gazelle *f.* gazelle
gazon *m.* turf
géant *m.* giant
géant gigantic
gémir to groan, complain
gémissement *m.* groan, sigh
gendre *m.* son-in-law
gêner to obstruct, embarrass
genêt *m.* genista (shrub)
génie *m.* genius
genou *m.* knee
geste *m.* motion, gesture
gigantesque gigantic
girandole *f.* chandelier, girandole, cluster (of blooms)
glace *f.* plate glass
glacer to chill
glas *m.* knell
glisser to glide
gloire *f.* glory, fame
gonfler to swell
gorge *f.* throat
gouffre *m.* pit
goujon *m.* gudgeon, killifish
goût *m.* taste
goutte *f.* drop
gouttière *f.* gutter
gouverner to govern
grâce: faire — de qch. à qn. *fam.* to let s.o. off s.th.
grade *m.* rank
grain *m.* bead, grain
graisser to grease, lubricate

grand-chose a great deal
grandeur *f.* greatness
grandiloquent pompous
grandir to grow up, increase
grand-messe *f.* High Mass
grand-porte *f.* main entrance
grand-route *f.* highway
grappe *f.* cluster
gratter to scratch, scrape
gravure *f.* print, engraving, etching
Grèce *f.* Greece
grenade *f.* pomegranate
grenat *m.* garnet
grésiller to crackle, sputter, sleet
griffe *f.* claw
grille *f.* entrance, gate
grimper to climb (up)
gris grey
grommeler to mutter
gronder to roar
gros *m.* main part, bulk
grouper to arrange (in groups); **se —** to gather
guéridon *m.* pedestal table
guérir to cure
guerrier *m.* warrior
guetter to lie in wait, watch (for)
guetteur *m.* watchman
gueule *f.*, *fam.* mouth
guider to guide
guimpe *f.* wimple, chemisette

*indicates aspirate h
habile clever, skilled
habit *m.* coat, dress
habitude *f.* habit
habitué accustomed
habituel usual, customary
s'habituer to become accustomed
***hagard** haggard, drawn
***haie** *f.* hedge row (of trees)
***haine** *f.* hate
haleine *f.* breath
***haleter** to puff, pant
***hall** *m.* entrance hall
***halte** *f.* stop, halt
***hanter** to haunt
***happer** to snatch
***harangue** *f.* address, harangue
***haranguer** to harangue, *fam.* to lecture s.o.
***hardi** bold, strong
***harmonieux** harmonious
***hâte** *f.* haste
***se hâter** to make haste
***hausser** to raise, lift; **— les épaules** *fam.* shrug one's shoulders
***hautbois** *m.* oboe
***hauteur** *f.* height
***haut-parleur** *m.* loudspeaker
hélas! alas!
***hennissement** *m.* neighing
herbe *f.* grass
***hérissé (de)** bristling (with)
héritage *m.* inheritance
héroïne *f.* heroine
héroïsme *m.* heroism
héros *m.* hero
hésitation *f.* hesitation
heu! aha!
***heurt** *m.* knock
***heurter** to knock against; **se —** to collide, run into
hirsute hirsute, hairy, shaggy, boorish
***hisser** to hoist up
***hocher** to shake
***Hollandais** *m.* Dutchman
hommage *m.* homage
***Hongrois** *m.* Hungarian
honnête honorable, upright, honest
honnêteté *f.* politeness, honesty, courtesy, decency, fairness
honoré honored
***honte** *f.* shame
horizon *m.* horizon, skyline
horloge *f.* clock, timepiece, timekeeper
horreur *f.* horror; **avoir horreur** to abhor
hostie *f.* (Eucharistic) host
***housse** *f.* furniture cover, slipcover

huile *f.* oil
humain human
humanité *f.* humanity
humeur *f.* humor, mood
***hurlement** *m.* howling, yelling
***hurler** to yell, shout, roar
hygiène *f.* health
hymne *m.* hymn, song
hypocrite hypocritical

idiot idiotic
ignorer not to know
île *f.* island
illuminer to illuminate, shine, enlighten
îlot *m.* islet, small block (of houses)
image *f.* picture, image
imaginer to imagine, conceive
imbroglio *m.* entanglement
immeuble *m.* real estate, premises
immobile motionless
immuable unalterable
impardonnable unpardonable
s'impatienter to lose one's patience
impeccable faultless (style, taste)
imperceptible undiscernible
impérieusement imperiously
impétuosité *f.* impulsiveness
impitoyable merciless
importe: qu'— what does it matter?
importun importunate, obtrusive
importun *m.* bothersome (person)
importuner to bother
imposant imposing
imprimer to print
improbable unlikely
impur unclean
inattendu unexpected
incident *m.* happening, incident
s'incliner to give in, stoop, bow
incommode inconvenient
incompréhensible unintelligible
inconcevable inconceivable
inconnu *m.* stranger
incrédule incredulous
Indes *f. pl.* the Indies
indescriptible indescribable
indigne unworthy
indigner to make s.o. indignant; **s'—** to become or be indignant
indisposer to antagonize
indomptable untamable, ungovernable
indubitablement undoubtedly
inégal unequal
Infante *f.* Infanta
inflexion *f.* inflection, modulation (of voice)
ingrat displeasing, ungrateful
inonder to overflow
inquiet anxious
inquiétude *f.* apprehension
s'inscrire to put down one's name
insensé *m.* madman
insensé unfeeling
insigne *m.* sign, emblem, badge, insignia
insignifiant insignificant
insister to demand, insist, persist
insouciant heedless
instable unsteady
s'installer to settle down
instant *m.* moment
instruction *f.* direction
insupportable unbearable, insufferable
intarissable unfailing, inexhaustible
intendant *m.* intendant, steward, manager
interdire to prohibit, forbid, impede
interpeller to call upon, challenge
interroger to question
interrompre to interrupt
interrupteur *m.* switch
intervenir to interfere
intime intimate
intrigue *f.* plot
introduire to introduce
introuvable *fam.* matchless
inventaire *m.* inventory
inventer to imagine
inverse opposite
invité *m.* guest
invraisemblablement unlikely

Irlandais *m.* Irishman
irrespectueux disrespectful
ivoire *m.* ivory
ivre intoxicated

jaboter *fam.* to chatter
jambe *f.* leg
jardinet *m.* little garden
jeter un sort to cast a spell
se joindre to join
jongleur *m.* juggler
Josué Joshua
joue *f.* cheek
jouir to enjoy
jour *m.* day; **au grand —** in broad daylight; **— par —** day by day
jouvencelle *f.* damsel, lass
juge *m.* judge
jumelle *f.* twin
jupe *f.* skirt
jurer to swear
jus *m.* juice; **— de tomate** *m.* tomato juice
justement exactly

kilo *m.* kilogram
kilomètre *m.* kilometer
klaxon *m.* horn (car)

lac *m.* lake
lâche cowardly
lâcher to let go, release, slacken, loosen
laid ugly
laideur *f.* ugliness
laiteux milky
lambeau *m.* bit, shred, rag
lampion *m.* Chinese lantern
lampiste *m.* lamp-maker, lamplighter
lance *f.* lance
langage *m.* language
lanterne *f.* lantern, street light
large wide
larguer to let go
larme *f.* tear
las weary, tired
latin de cuisine dog latin
lecture *f.* reading
léger slight, gentle, light
légèrement thoughtlessly, wantonly
légionnaire *m.* legionary
légume *m.* vegetable
lendemain *m.* next day
lentille *f.* lentil
lépreux leprous
lettre de crédit *f.* letter of credit
lever to lift
levier *m.* lever
lèvre *f.* lip
libérer to liberate
libertin licentious
libraire *m.* bookseller
licorne *f.* unicron
lier to tie
lieue *f.* league (measurement)
ligne de pêche *f.* fishing line
lilas *m.* lilac
limiter to border, confine
liqueur *f.* liquid, liqueur
liste d'inscription *f.* inscription list
littéralement literally
livrer to deliver, yield; **se —** to give oneself over to
location *f.* hiring, renting
loge *f.* lodge
loger to lodge
lointain remote, distant, far off
loisir *m.* leisure
long: le — de along, during
longue-vue *f.* telescope
longueur *f.* length
loque *f.* rag
loquet *m.* latch
louage *m.* hiring out
louer to hire, rent
loup *m.* wolf
lubie *f.* whim
lubrique lustful
lueur *f.* gleam
lugubre dismal, gloomy
luisant bright
lumière *f.* light

lutiner to play tricks
lutter to fight
luxure *f.* lewdness

machin *m., fam.* gadget
machinalement mechanically
mâchoire *f.* jaw
magasin *m.* shop
magie *f.* magic
maire *m.* mayor
mairie *f.* town hall
maître *m.* master
maîtresse *f.* mistress; **— d'école** schoolteacher
majestueux majestic
mal *m.* evil; **faire —** to hurt
malaise *m.* uneasiness
malheureux unfortunate, unhappy
malin sly, clever
malle *f.* trunk
malsain unhealthy
mamelle *f.* breast
manchot one-armed
Mandchourie *f.* Manchuria
maniaque *m.* madman
manier to handle
manne *f.* manna
mannequin *m.* dummy
manœuvrer to drill, maneuver
manuscrit *m.* manuscript
marchand *m.* merchant; **— de colifichets** trinket dealer
marchandise *f.* goods
marche *f.* walking
marée *f.* tide
marge *f.* margin
marguerite *f.* marguerite, daisy
marin *m.* seaman, sailor
marin marine, naval
marmonner to mutter
marocain Moroccan
marque *f.* mark
marron *m.* chestnut
marron chestnut-colored
marteler to hammer
masque *m.* mask
masquer to conceal, hide
massacre *m.* massacre, slaughter
masser to mass
matelas *m.* mattress
matériel *m.* material
maternel maternal, motherly
maudire to curse
méchant bad, wicked
mécréant *m.* unbeliever, *fam.* wretch
médicament *m.* medicine
se méfier (de) to mistrust, watch out (for)
mélancolie *f.* melancholy
mélange *m.* mixture
mélanger to mix
se mêler to take part; **s'en —** to interfere
mélomane *m.* melomaniac, music lover
membrane *f.* web
menace *f.* threat
mendiant *m.* beggar
mensonge *m.* lie
mentir to lie
menton *m.* chin
menu small
méprisable contemptible
mer *f.* sea
mercenaire *m.* mercenary
mériter to deserve, merit
merveille *f.* wonder; **à —** excellently
merveilleux wonderful, marvelous
messe *f.* Mass
messire *m.* sir
météore *m.* meteor
métier *m.* trade
mètre *m.* meter
métro *m.* subway
meuble *m.* piece of furniture
meubler to furnish
meurtri sore
micro(phone) *m.* microphone
midi *m.* noon
miel *m.* honey
miette *f.* crumb
mignon dainty, darling
militaire *m.* soldier

millier *m.* about a thousand
mince thin
mine *f.* appearance
minuit *m.* midnight
minuscule tiny
miroir *m.* mirror
misérable *m.* poor wretch, villain
missel *m.* missal
mitrailler to rake with machine-gun fire
mitre *f.* miter (of bishop)
mode *f.* fashion
modifier to change
moindre least
moins less; **du —** at least
moitié *f.* half
monotone monotonous
monseigneur *m.* your lordship
monstre *m.* monster
monstrueux monstrous
montage *m.* hoisting, editing, layout
monture *f.* saddle horse
se moquer (de) to make fun (of)
moral *m.* (state of) mind
morale *f.* ethics, morals
mordiller to nibble
mordre to bite
moribond *m.* moribund, dying
morsure *f.* bite
morte *f.* dead (woman)
mortel mortal
mortier *m.* mortar
mortuaire mortuary, of death
moteur *m.* motor
motif *m.* motive
motocyclette *f.* motorcycle
mou soft
mouche *f.* fly; **prendre la —** to fly into a temper
mousqueton *m.* blunderbuss, musket
moustachu moustached
moutarde *f.* mustard
mouvement *m.* movement
moyennant by means of
muet mute
mule *f.* slipper
multitude *f.* crowd
munition *f.* ammunition
mur *m.* wall
muraille *f.* high defensive wall
muret *m.* small wall
musulman *m.* Moslem

nacre *f.* mother-of-pearl
naïf naive, guileless
nain *m.* dwarf
natal native
naufrage *m.* (ship) wreck
navré heartbroken
néanmoins nevertheless
nécessité *f.* necessity, need
neige *f.* snow
net plain, clear, flawless
nettoyer to clean
neurasthénique neurasthenic
neveu *m.* nephew
nez *m.* nose
nigaud *m.* simpleton
noblement nobly
noblesse *f.* nobleness
noce *f.* wedding
noisette *f.* hazelnut
nombreux numerous
nonne *f.* nun
nord *m.* North
normal normal, natural
notable *m.* distinguished person
note *f.* note, tone
noter to notice
nouer to tie
nouille *f.* noodle
nourrir to feed, nourish
nouvelle *f.* news
noyer to drown
nu naked, bare
nuage *m.* cloud
nuance *f.* tinge, shade
nuire to harm
nul not one
nuptial nuptial, bridal

obéir to obey
objet *m.* object
obligeance *f.* willingness to oblige
obliger to bind, oblige
obscur dark
s'obscurcir to grow dark
obscurité *f.* darkness
obséder to obsess
obstination *f.* obstinacy
s'obstiner to persist
obtenir to get
occasion *f.* opportunity
s'occuper de to keep busy, be interested in, take care of
odeur *f.* odor, smell
odieux distasteful, odious
œuvre *f.* work
offenser to offend
officier to officiate
officier *m.* officer, official
oie *f.* goose
oignon *m.* onion, bulb
ombrager to shade
ombre *f.* shadow, ghost
omoplate *f.* omoplate, shoulder blade
onde *f.* wave
ondoyant waving
ongle *m.* nail
s'opposer to be opposed
optimiste optimistic
or *m.* gold
or now
oranger *m.* orange tree
ordonner to order, command
ordure *f.* garbage, filth
oreille *f.* ear
orfèvre *m.* goldsmith
orgue *m.* organ
orgueil *m.* pride
orner to adorn, decorate
orteil *m.* toe
oser to dare
oublier to forget
ouïe *f.* hearing
ouragan *m.* hurricane
outré indignant, outraged
ouvrage *m.* work
ouvrir to open

pacifique peaceful
page *m.* page (boy)
paiement *m.* payment
paille *f.* straw
paisible peaceful
paix *f.* peace
palissade *f.* fence
palme *f.* decoration, palm
se pâmer to swoon
pan *m.* flap, section, piece
panache *m.* flourish, tuft (of waving feathers)
pancarte *f.* placard
panne *f.* breakdown
panoplie *f.* soldier's outfit
pantalon *m.* trousers
pape *m.* pope
papillon *m.* butterfly
pâquerette *f.* daisy
Pâques *m.* Easter
parabole *f.* parable
parage *m.* ancestry, descent
parapluie *m.* umbrella
parcourir to run through
par-delà beyond
par-dessus over
pardonner to forgive, excuse
pareil similar, like that, equal
paresseux lazy, idle
parfait perfect
parfum *m.* perfume
parfumeur *m.* perfume merchant
pari *m.* wager
parier to bet
se parjurer to forswear oneself
paroisse *f.* parish
parole f. word; **tenir —** keep a promise
part: à — separately
partager to share
partie: faire — to be part
parvenir to reach, attain

pas *m.* step, pace
passant *m.* passer-by
passé *m.* past
passer to go on, pass through; **— sous silence** to conceal; **se — de** to do without
pasteur *m.* pastor
pasticher to imitate
patrie *f.* fatherland
patron *m.* boss
patronne *f.* mistress (of house)
patrouille *f.* patrol
patrouiller to patrol
patte *f.* paw
paupière *f.* eyelid
pavé *m.* pavement, cobblestone
pavot *m.* poppy
pays *m.* country
paysage *m.* landscape
peau *f.* skin
péché *m.* sin; **— capital** deadly sin
pêche *f.* fishing
pêcheur *m.* fisherman
peindre to paint
peiner to grieve
pèlerin *m.* pilgrim
peloton *m.* squad
pencher to bend, lean
pendule *f.* clock
pénétrer to enter
pensée *f.* thought
percée *f.* penetration
percevoir to perceive
périr to perish
perle *f.* pearl
péronnelle *f., fam.* pert hussy
perpétuité: à — forever
perpétuellement perpetually
perron *m.* flight of steps
perruque *f.* wig
personnage *m.* individual, character (in play)
perte *f.* loss
pertinemment pertinently
pesanteur *f.* weight
peser to weigh, be heavy
pétard *m.* firecracker
peur *f.* fear; **faire —** to frighten
pharmacie *f.* pharmacy
philosophe *m.* philosopher
philosopher to philosophize
philtre *m.* (love) philter
phrase *f.* sentence
physionomie *f.* face, features
physique physical
pièce *f.* coin, piece (of money)
pierre *f.* stone
piétinement *m.* stamping
piller to plunder
pioche *f.* pickax
pique *f.* pike
piquer to prick, sting, insert
pis worse
pistolet *m.* pistol, gun
pitié *f.* pity
place *f.* square; **— forte** fortress
plage *f.* beach
plaie *f.* wound
plaine *f.* plain
plaisant pleasant
plaisanter to joke
plaisanterie *f.* joke
plaisir *m.* pleasure
plancher *m.* floor
plantation *f.* planting
planter to set, plant
plateau *m.* tray
plate-bande *f.* flower bed
plein full
pleutre *m., fam.* bum, coward
plié folded
plisser to pleat, have folds
plomb *m.* lead
plonger to plunge, immerse
plume *f.* feather
plus: de — en — more and more
plutôt rather, sooner
poche *f.* pocket
poêle *f.* frying pan
poésie *f.* poetry
poète *m.* poet
poids *m.* weight, burden

poignée *f.* handful
poignet m. cuff (of garment)
point de Venise *m.* Venice point (lace)
poisson *m.* fish
poitrine *f.* breast
poltron *m.* coward
ponctuel punctual
pont-levis *m.* drawbridge
populace *f.* mob
porc *m.* pig
porche *m.* porch
portail *m.* portal (of church, etc.)
portefaix *m.* porter
porteur *m.* bearer
porte-voix *m.* megaphone
portier *m.* porter
Porto *m.* Port wine
portrait *m.* character sketch, portrait
posé calm, sober, grave
positif certain
possession *f.* possession by evil spirits, possession
poste *m.* station, post
poste (de radio) *m.* radio receiver
postérieur à subsequent
postiche *m.* piece of false hair
potager *m.* kitchen garden
potence *f.* gallows
pouce *m.* inch
poudrer to powder
pourpre purple
poursuivre to go on
poussière *f.* dust
prairie *f.* field, meadow
pratiquant practicing
pratique practical
précédent *m.* previous one, precedent
précieux precious, valuable
se précipiter to rush forward, hurry
précisément precisely
préciser to specify, determine, fix
premier plan foreground
se prendre to be caught
prénom *m.* first name
préoccuper to preoccupy, take care; **se — de** to be busy, give one's attention to
présager to augur, presage, portend
présider to rule
présomptueux presumptuous
pressentir to foresee
presser to hasten, hurry, squeeze, press
pression *f.* pressure
prêt à ready to
prétexter to allege as a pretext
prêtre *m.* priest
preuve *f.* proof
prévenir to forewarn
prévenu biased
prévisible foreseeable
prévoir to foresee
prière *f.* prayer
principauté *f.* principality
printemps *m.* spring
prioritaire *m.* person with priority
prises: aux — at grips
prisonnier captive
priver to deprive
procédé *m.* method
prochain *m.* fellow human being
proche close
procurer to get
procureur *m.* attorney, prosecuting attorney
prodigieux prodigious
profond deep
se projeter to cast (shadow)
promenade *f.* walk
promener les yeux to cast one's eyes
promeneur *m.* walker
promesse *f.* promise
promettre to promise
prompt fast, rapid
propos *m.* remark, design
propre own, clean
propriété *f.* property
protéger to protect
provoquer to bring about, provoke
prudent cautious
pudeur *f.* modesty

puissance *f.* power
puits *m.* well
pulvériser to annihilate
punaise *f.* bedbug
punch *m.* punch (beverage)
pureté *f.* purity

quai *m.* wharf
quartier *m.* district, neighborhood
quelconque any whatsoever
quelquefois sometimes
questionner to question
queue *f.* tail, line (of people)
quiconque whoever
quinquet *m.* Argand lamp
quinzaine *f.* two weeks
quoique although

se raccrocher à to catch on to, *fam.* to recover one's losses
raconter to tell, recount
radeau *m.* raft
radieux radiant, beaming
rafale *f.* squall
raffût *m., fam.* noise
rafraîchir to refresh
raison *f.* reason
raisonner to reason
rajouter, to add (more)
ramasser to gather up
rame *f.* train (subway)
rançonner to ransom
rang *m.* rank
se ranger to stand aside
se rappeler to remember, recall, recollect
rapport *m.* relation
raser to tear down
rassembler to gather together, reassemble
rassurer to reassure, hearten
rater *fam.* to miss, fail, bungle
ravir to delight
ravissement *m.* delight
ravisseur *m.* abductor (of a woman)
rayé striped
rayon *m.* ray, beam
rayonner to radiate
réaliser to convert into money
rebrousser chemin to retrace one's steps
réchaud *m.* stove
réchauffer to warm
récit *m.* tale, account
récitant *m.* narrator
réclamer to demand, claim
récompenser to reward
réconcilier to reconcile
reconduire to show out
réconfortant comforting
recopier to recopy
recouvrir to cover again
récréatif entertaining
recueillir to gather up
reculer to draw back, recede
reculons: à backwards
récurer to scour
rédaction *f.* writing, editing, drawing up
reddition *f.* surrender
redemander to ask again
redescendre to come down again
redevenir to become (again)
rédiger to write (article)
redoubler to increase
redouter to fear
redresser to rebuild; **se —** to draw oneself up (again)
réduction *f.* small-scale copy
réellement really, in reality
refaire to do again
refermer to close again
reflet *m.* reflection, gleam
refléter to reflect
réflexion *f.* reflection
regagner to regain, recover
regard *m.* look
règle *f.* rule
règlement *m.* regulation, rules
régler to regulate, order, settle
regrouper to arrange again (in groups)

reine *f.* queen
reins *m. pl.* loins, back
se rejeter to fall back (upon)
rejoindre to join again
réjouir to gladden; **se —** to rejoice
relâche *m.* rest
relation *f.* relationship
relève *f.* relief (force)
s'en remettre à to rely on
remise *f.* delivery
remonter to wind up (clock)
remous *m.* stir, agitation
rempart *m.* rampart
remplir to fill
remporter (une victoire) to win (a victory)
remuer to stir up
renaître to be born again, revive
se rencontrer to encounter
se rendre compte to realize
renfermer to include
renforcé reinforced
renforcement *m.* reinforcement, strengthening
renier to disown
renseignement *m.* information
renseigner to inform, give information
renverser to turn upside down
renvoyer to get rid of, send back, dismiss
répandre to shed, spread
réparer to fix, mend, repair
reparler to speak again
repartir to set out again
repas *m.* meal
repasser to repass, pass (by) again
repêcher to fish out again
repenser to think again
répercuter to reflect, reverberate
répéter to repeat
réplique *f.* reply
repos *m.* rest
reprendre to take back, recapture, recover, resume; **se —** to pull oneself together
représentation *f.* performance
reprise *f.* retaking, resumption
repriser to darn
reproche *m.* reproach
reproduire to reproduce
réserve *f.* reservation
résigner to resign
se résigner to resign oneself
résistant able to endure, tough
résister à to resist, hold out
résoudre to resolve
respect *m.* respect, deference
respectueux respectful
respiration *f.* breath
respirer to breathe
se ressaisir to regain one's self-control
ressembler to resemble, be like
ressentir to feel, resent
restaurer to restore; **se —** to take refreshment
reste: du — besides, moreover
résumer to summarize
rétablir to reestablish
retarder to delay
retenter to try again
retentir to resound, ring, have repercussions
retenue *f.* reserve
retomber to droop, hang down
retraite *f.* retreat, withdrawal, retirement
rétribuer to remunerate, reward, compensate
réunion *f.* gathering
réussite *f.* success
revanche *f.* revenge; **en —** in compensation, on the other hand
réveil *m.* alarm clock
se réveiller to awaken
révéler to reveal
révérence *f.* curtsy
revers *m.* reverse side, other side
revêtir to put on
rêveur dreamy
révolte *f.* revolt, rebellion
rhétorique *f.* rhetoric
rhumatisant rheumatic

ribaud *m.* ribald
ricaner to sneer, giggle
rideau *m.* screen, curtain
ridicule ridiculous
rincer to rinse
risquer to risk
river to rivet
robe de mariée *f.* wedding dress
rôder to prowl about
roi *m.* king
roman *m.* novel
romantique romantic
rompre to break
ronde *f.* patrol, round
ronfler to snore
rosbif *m.* roast beef
rose pink
rosée *f.* dew
rosir to turn rosy
rougeur *f.* redness
rougir to blush
roulement *m.* rumbling, rolling
rouler to roll, move
roulette *f.* wheel
roussi browned, scorched, singed
ruade *f.* kick (of a horse)
ruban *m.* ribbon
rubis *m.* ruby
ruche *f.* hive
rude harsh, severe, uncouth
ruelle *f.* alley
ruer to fling; **se —** to hurl oneself at s.o. or s.th.
rugir to howl
rumeur *f.* clamor, din
ruminer to muse
ruse *f.* trick
rush *English* rush
Russie *f.* Russia
rustique rural
rut *m.* rutting
rythme *m.* rhythm

sable *m.* sand
sabot *m.* hoof
sabre *m.* sword
sac *m.* bag
sacrement *m.* sacrament
sacristie *f.* sacristy, vestry
sagesse *f.* wisdom
saint holy
sainteté *f.* sanctity, holiness
sale dirty
salé salty
salir to get dirty
salle *f.* hall, large room
sanglant bloody
sanglot *m.* sob
sangloter to sob
sanguinaire bloody
santé *f.* health
sapin *m.* fir tree
sardine *f.* sardine
satané confounded, devilish
satisfait satisfied
sauf unhurt, safe
sauter to skip, jump
sauvage wild
sauver to save, rescue, deliver
se sauver de to escape from
savant wise, learned
savoureux delicious
séance *f.* sitting, meeting, seance, session
sec dry
sécher to dry
secouer to shake
séducteur *m.* seducer
Seigneur *m.* Lord
sein *m.* bosom
sel *m.* salt; **sels** *m. pl.* smelling salts
selle *f.* saddle
semblant *m.* pretence
semer to sow, dot
sentier *m.* path
sentiment *m.* feeling
sentinelle *f.* sentry
sépulture *f.* tomb
séquestrer to isolate, shut up s.o. illegally
Serbe *m.* Serb
serbe Serbian

serment *m.* oath
serpent *m.* snake
serpenter to wind, meander
serré tight
serrer to hug, squeeze, clasp, press; **se —** to contract
serrure *f.* lock
sertir to set, mount (a stone)
serrurier *m.* locksmith
serviteur *m.* servant
seuil *m.* threshold
sévère stern
siège *m.* seat
sifflement *m.* whistling
siffler to whistle
sifflet *m.* whistle
signaler to point out
signe *m.* sign
signifier to mean
silencieux silent
singe *m.* monkey
sinon otherwise, or else, if not
sirène *f.* siren
sitôt as soon as
situer to situate
socque *m.* wooden sandal, clog, comedian's sock
soie *f.* silk
soif *f.* thirst
soigneusement carefully
soirée *f.* evening
sol *m.* ground
soldat *m.* soldier
solennel solemn
solitaire solitary, alone
solliciter to entreat
somme: en — in short
sommeil *m.* sleep
somptueux lavish
son *m.* sound
songer to ponder, dream
sonnerie *f.* ringing
sonnette *f.* house bell
sonore: onde — sound wave
sonorité *f.* sonority
sort *m.* fate
sorte *f.* kind, species
sortie *f.* exit
sot stupid
souci *m.* trouble, anxiety, worry
se soucier to care
soudain sudden
souffle *m.* breath
souffler to blow, whisper, blow out (candle)
soufre *m.* sulphur
souhait *m.* desire
souhaiter to desire, wish
soulager to relieve
soulever to lift up
soupçon *m.* suspicion
soupçonner to suspect
soupçonneux suspicious
souper to have supper
soupir *m.* sigh, gasp
soupirer to sigh
souple supple
source *f.* opening, source
sourd deaf
soutane *f.* cassock
soutenir to sustain, support, prop up
souvenir *m.* remembrance, memory
speaker *m., English* speaker, narrator (radio)
spécialement especially
spectacle *m.* sight
spiritisme *m.* spiritualism
stipendiaire *m.* mercenary
suavité *f.* sweetness (perfume, melody), blandness (tone, manner)
subit sudden
sublime lofty, sublime
subtil subtle
successif following
sucer to suck
sucré sugared, sweet
sud *m.* south
suédois Swedish
sueur *f.* sweat
suffire to be sufficient, suffice
suffisant sufficient
suffoquer to choke

suisse Swiss
superposer to superimpose
supplier to beseech, supplicate
supporter to support, endure, tolerate
supposition *f.* guess, supposition
supprimer to suppress, abolish, omit
surestimer to overestimate
surgir to appear, rise
surimprimer to imprint on
sur-le-champ at once, immediately
surlendemain day after tomorrow
surnaturel supernatural
surprendre to surprise, astonish
surprime *f.* bonus
sursauter to start
survivant *m.* survivor
syllabe *f.* syllable
sympathique sympathetic, likable

tableau *m.* painting
tâche *f.* task
tâcher try
tacher to stain, sully
taille *f.* height
taire to say nothing, conceal
talon *m.* heel
tambour *m.* drum
tant pis! so much the worse!
tantôt presently, by and by
tapage *m.* noise
tapis *m.* rug, carpet
tapisserie *f.* tapestry
tarder to delay, be long in
tas *m.* pile; *sl.,* lots of things
tasse *f.* cup
tellement so much
témérité *f.* boldness
témoin *m.* witness
tempe *f.* temple
tempête *f.* tempest
tendre to hold out
tendre tender, soft, affectionate
tendresse *f.* fondness
tension *f.* strain, tension
tentation *f.* temptation
tente *f.* tent
tenter to tempt
tenue *f.* uniform
terminer to finish
terrain *m.* ground
terrasse *f.* terrace
terre *f.* earth
terreur *f.* terror
terrifier to frighten
terroriser to terrorize
têtu stubborn
théologal theological
tige *f.* stem
timbre *m.* bell
tintamarre *m.* din
tinter to ring
tir *m.* fire, shooting
tiroir *m.* drawer
tisser to weave
titre *m.* title
toile *f.* linen cloth
toit *m.* roof
tombeau *m.* grave
ton *m.* tone
tonitruant thunderous, like thunder, stentorian
tonneau *m.* barrel
tonnelle *f.* arbor
tonnerre *m.* thunder
tordre to twist
tors crooked
tort *m.* wrong
tôt early
totalement thoroughly, totally
toucher to affect, touch, move
tour *m.* trick, turn
tourbillonner to swirl
tourner to turn
tousser to cough
toussotant coughing slightly
toutefois nevertheless
toux *f.* cough
traduire to express, translate
trahir to betray
traîner to drag, draw, pull
traité *m.* treaty
traiter to treat, negotiate, deal

trame *f.* woof, web
trancher to cut short
tranquillité *f.* peace, tranquility
transformer to disguise, transform
transport *m.* ecstasy
travers: à — through
traverser to cross, go across
trembler to tremble
se trémousser to bestir oneself, fidget
tremper to soak, dip
trentaine *f.* about thirty
trépigner to stamp, trample
tresser to braid
trêve *f.* truce
tricher to cheat
triomphe *m.* triumph
triste sad
tristesse *f.* sadness, sorrow, gloom
trône *m.* throne
trôner to be enthroned
trottoir *m.* sidewalk
trou *m.* hole, gap
se troubler to get confused
troupe *f.* troop
Tudieu! *sl.* Good Lord!
tuerie *f.* massacre, slaughter
tuméfié swollen
tunique *f.* tunic, coat
type *m., fam.* fellow, chap

ultime last
uniforme *m.* uniform
union *f.* union, wedding
unique sole
uniquement only
unir to unite, join (in marriage)
usage *m.* use
usé worn out

vacances *f. pl.* holiday
vacarme *m., fam.* uproar, din, racket
vague *f.* wave
vaillance *f.* valor
vaillant valiant
vaincre to conquer
vainqueur victorious
vaisseau *m.* ship
vaisselle *f.* dishes; **faire la —** to do the dishes
valet *m.* servant
valeur *f.* value; **mettre en —** to enhance
valise *f.* suitcase
vallée *f.* valley
valoir to be worth
valse *f.* waltz
vanter to speak highly (of s.th.); **se —** to boast
veille *f.* eve, preceding day
veilleur *m.* watchman
velours *m.* velvet
velu hairy
vénéneux poisonous
vengeur *m.* avenger
venin *m.* venom
ventre *m.* stomach
venue *f.* arrival
vêpres *f. pl.* vespers
vérifier to test, find out, check
véritablement veritably, really, truly
vérité *f.* truth
verrerie *f.* glassware
verrou *m.* bolt, bar, lock
vert-de-gris verdigris
vertige *m.* dizziness
vertueux virtuous
vestige *m.* remains, trace
vêtir to clothe
veuf *m.* widower
veuve *f.* widow
vexer to annoy
viande *f.* meat
vibrer to vibrate
victoire *f.* victory
vide empty
vider to empty
vieillard *m.* old man
vieilleries *f. pl.* old things, outworn ideas
vieillesse *f.* old age
vieillir to get older
viennois Viennese

vierge *f.* virgin; **la Vierge (Marie)** the Blessed Virgin (Mary)
vif lively, brisk, fast
vignette *f.* text illustration
vil vile
vilain mean, objectionable
villageoise *f.* village girl, village woman
violette *f.* violet
vipère *f.* viper
virginité *f.* maidenhood
visage *m.* face
visiblement perceptibly
visiteur *m.* visitor
vitaminé with vitamins
vitrail *m.* stained-glass window
vitre *f.* pane (window), shop window
vitrine *f.* shopwindow, showcase
vivacité *f.* vivacity
vivant living; **de son —** during his lifetime
vivat *m.* vivat, hurrah
vivre *m.* living, food
vœu *m.* wish
voguer to sail
voile *f.* veil
voiler to veil
voilier *m.* sailing ship
voisin adjacent
voisin *m.* neighbor
voiture *f.* wagon, car
voix *f.* voice
volant *m.* steering wheel
volée *f.* flight
voler to fly, steal
volet *m.* shutter
voleur *m.* thief
volontaire voluntary, purposely
volonté *f.* will
volontiers willingly
voltiger to fly about, flutter
volupté *f.* sensual pleasure
vomir to vomit
vomissement *m.* vomit, vomiting
vouloir dire to mean
voûté bent
voyager to travel
vraisemblable likely, probable
vulgaire *m.* common people

zone *f.* district, zone
zouave *m.* zouave (soldier)